Mulheres na Bíblia

no ANTIGO TESTAMENTO
Vol. 1

Publicações
Pão Diário

Mulheres na Bíblia

no ANTIGO TESTAMENTO
Vol. 1

EUNICE FAITH PRIDDY

Women in the Bible
© 2001 by ABWE Publishing under the title *Women in the Bible*.
Originally published in the USA by Bible Basics International. Odessa, Florida, 1986.
Translated and printed with permission. All rights reserved.

Tradução: Claudia Cavaretto Loftis
Revisão: Daniela Mallmann, Rita Rosário, Thaís Soler
Projeto gráfico: Audrey Novac Ribeiro
Desenho da capa: Audrey Novac Ribeiro

Dados Internacionais de Catalogação na Publicação (CIP)

Priddy, Eunice Faith
Mulheres na Bíblia: estudo devocional de Eva a Rute
Tradução: Claudia Cavaretto Loftis — Curitiba/PR, Publicações Pão Diário
Título Original: *Women in The Bible*

1. Devocional   2. Mulheres na Bíblia   3. Vida Cristã

Proibida a reprodução total ou parcial, sem prévia autorização, por escrito, da editora.
Todos os direitos reservados e protegidos pela Lei 9.610, de 19/02/1998.

Exceto quando indicado no texto, os trechos bíblicos mencionados são da edição Revista e Atualizada de João Ferreira de Almeida © 1993 Sociedade Bíblica do Brasil.

Publicações Pão Diário
Caixa Postal 4190,
82501-970 Curitiba/PR, Brasil
Email: publicacoes@paodiario.org
Internet: www.paodiariopublicacoes.com.br
Telefone: (41) 3257-4028

Código: L8942
ISBN: 978-1-60485-799-3

2.ª edição: 2011 • 4.ª impressão: 2023

Impresso na China

umário

Prefácio 7
1 A MULHER VIRTUOSA: Provérbios 31.................9
2 EVA: Mãe da Humanidade...................................15
3 SARA: Mãe das nações: parte 1...........................23
4 SARA: Mãe das nações: parte 2...........................29
5 HAGAR: Vítima das circunstâncias.......................37
6 A MULHER DE LÓ: Vítima da desobediência.............................45
7 REBECA: Mulher manipuladora...........................51
8 LIA: Esposa leal..59
9 DINÁ: Atraída pelo mundo...................................65
10 MIRIÃ: Julgada por ciúmes..................................73
11 A FILHA DE FARAÓ: Instrumento de Deus.........79
12 RAABE: Meretriz transformada............................85
13 ACSA: Uma noiva sábia.......................................91
14 DÉBORA: Líder abençoada por Deus..................97
15 DALILA: Ela traiu por dinheiro..........................105
16 NOEMI: A sogra sábia..111
17 RUTE: A mulher que fez escolhas sábias: parte 1...............117
18 RUTE: A mulher que fez escolhas sábias: parte 2...............125

Prefácio

O QUE AS MULHERES DO Norte e do Brasil Central têm em comum com as mulheres do Sul? E o que todas elas podem ter em comum com as mulheres citadas na Bíblia? Nestas páginas, encontraremos o exemplo de muitas mulheres cujas vidas são descritas no livro dos Livros, a Bíblia. Sem dúvida, há muitas peculiaridades que são comuns às mulheres de hoje. Como antigamente, as mulheres enfrentam situações difíceis em todos os cantos do nosso país.

O que podemos oferecer para as nossas companheiras de jornada? Como elas, somos mulheres comuns, cuidamos de nossos filhos, vamos ao trabalho e enfrentamos os nossos problemas diários. Mas somos também mulheres que amam a Deus e procuramos viver de acordo com o ensino da Sua maravilhosa e atualíssima Palavra.

As mulheres retratadas nestas páginas nos darão exemplos de encorajamento, submissão, lealdade e sabedoria. Neste século 21, ainda podemos tirar lições de suas histórias. Os tempos mudaram, mas Deus é o mesmo, Seus princípios são eternos e com eles podemos mudar o rumo de nossa história pessoal.

Nas entrelinhas, descobrimos como essas mulheres resolveram os seus problemas em contextos tão diferentes. Queremos trazer a você a oportunidade de vivenciar algo diferente. Familiarize-se com os exemplo destas mulheres da Bíblia, a ponto de desejar estudar a vida delas para descobrir de que maneira você pode ser fonte de bênção onde Deus a colocou.

Estude pessoalmente cada mulher aqui descrita e em seguida, compartilhe com as pessoas que Deus coloca diariamente em sua vida. Inspire-se com as que acertaram e aprenda com os erro daquelas que não obtiveram tanto êxito. Permita que Deus molde o seu caráter por meio do exemplo destas mulheres singulares.

Boa leitura! Bom estudo! Aproveite.

Capítulo 1

A mulher virtuosa
Provérbios 31

Alguma vez você pesquisou na Bíblia e contou a quantidade de mulheres ali mencionadas? Alguém já realizou esse trabalho, e foram encontradas mais de cento e cinquenta mulheres, sendo umas virtuosas, outras ímpias, porém, todas podem nos ensinar valiosas lições de vida. Como Deus é bondoso para nos dar tantos exemplos com os quais podemos aprender.

A mulher virtuosa de Provérbios 31
Antes de estudarmos individualmente algumas mulheres mencionadas na Bíblia, examinaremos primeiro a mulher virtuosa e anônima descrita em Provérbios 31. Essa mulher certamente é exemplar. Sabia e reconhecia quais eram suas habilidades e as usava com alegria. O segredo de seu sucesso estava em seu relacionamento com Deus.

A mulher virtuosa

A mulher virtuosa em Provérbios 31 era abençoada por Deus para realizar grandes coisas porque confiava no Pai eterno. Muitas de nós mulheres, consideramo-nos inferiores. Porém, precisamos nos lembrar que Deus usa qualquer um — homem ou mulher — que lhe obedece e nele confia. Deus não nos usa por sermos "super-humanos", ou por fazermos coisas grandiosas. Deus nos usa quando, ao dependermos dele, fazemos nosso melhor com os dons que Ele nos concedeu.

As palavras em Provérbios 31 foram escritas pelo rei Lemuel. Ele repassa conselhos recebidos da sua própria mãe. Talvez esta seja a razão por lembrarmos frequentemente desta passagem quando pensamos em mães. Cada um de nós tem uma mãe. Alguns têm mães virtuosas, outros, mães que não o são. Outros ainda que não conseguem lembrar-se de suas mães. Muitos, nunca as viram. Não importa se somos casadas, solteiras, viúvas ou divorciadas, nem mesmo quem possa ter sido nossa mãe. Podemos aprender muito com estes versículos das Escrituras se estudarmos pedindo a Deus para nos dar entendimento e um coração dócil. Provérbios 31:10-31 diz:

> [10]Mulher virtuosa, quem a achará? O seu valor muito excede o de finas joias. [11]O coração do seu marido confia nela, e não haverá falta de ganho. [12]Ela lhe faz bem e não mal, todos os dias da sua vida. [13]Busca lã e linho e de bom grado trabalha com as mãos. [14]É como o navio mercante: de longe traz o seu pão. [15]É ainda noite, e já se levanta, e dá mantimento à sua casa e a tarefa às suas servas. [16]Examina uma propriedade

e adquire-a; planta uma vinha com as rendas do seu trabalho. ¹⁷Cinge os lombos de força e fortalece os braços. ¹⁸Ela percebe que o seu ganho é bom; a sua lâmpada não se apaga de noite. ¹⁹Estende as mãos ao fuso, mãos que pegam na roca. ²⁰Abre a mão ao aflito; e ainda a estende ao necessitado. ²¹No tocante à sua casa, não teme a neve, pois todos andam vestidos de lã escarlate. ²²Faz para si cobertas, veste-se de linho fino e de púrpura. ²³Seu marido é estimado entre os juízes, quando se assenta com os anciãos da terra. ²⁴Ela faz roupas de linho fino, e vende-as, e dá cintas aos mercadores. ²⁵A força e a dignidade são os seus vestidos, e, quanto ao dia de amanhã, não tem preocupações. ²⁶Fala com sabedoria, e a instrução da bondade está na sua língua. ²⁷Atende ao bom andamento da sua casa e não come o pão da preguiça. ²⁸Levantam-se seus filhos e lhe chamam ditosa; seu marido a louva, dizendo: ²⁹Muitas mulheres procedem virtuosamente, mas tu a todas sobrepujas. ³⁰Enganosa é a graça, e vã, a formosura, mas a mulher que teme ao Senhor, essa será louvada. ³¹Dai-lhe do fruto das suas mãos, e de público a louvarão as suas obras.

Ela é confiável

A primeira característica que notamos é que seu marido confia completamente nela. Ela é bondosa com seu marido que nela confia, pois ela nunca lhe fará mal algum em toda sua vida. Você mulher casada — isso é verdade em sua vida? Como mãe, você é esse tipo de exemplo para seus filhos?

Ela não é preguiçosa

Ela trabalha. Entrega-se com vontade ao trabalho e isto reflete-se em sua atitude. Estamos dispostas a empregar mais tempo para fazer o melhor para nossas famílias? Tentamos ter a certeza de ter feito tudo que podemos? O exemplo de um navio mercante é usado porque assim é o trabalho de uma mulher: o trabalho a bordo desse navio no oceano não é fácil. Vamos pedir a Deus para que nos ajude com nossa atitude relacionada ao trabalho.

Ela é uma mulher responsável

A mulher citada em Provérbios 31 não era apenas uma mulher que se envolvia somente com atividades domésticas, era também uma mulher de negócios. Imaginem-na avaliando o valor de um campo para depois comprá-lo. Hoje há pessoas em nossa sociedade que acreditam que as mulheres cristãs devem renunciar a todos os seus direitos se quiserem obedecer a Deus, mas isso não é verdade. Viver completamente em obediência a Deus dá mais liberdade e responsabilidade às mulheres. Devemos cuidar de nossas atividades domésticas e também estar empenhadas, com responsabilidade e cuidado, por aqueles que trabalham conosco.

Ela é uma mulher forte e segura

Outras qualidades mencionadas nesta passagem são as competências para planejar sua vitalidade física, suas diversas habilidades e a atitude relacionada à maturidade e ao futuro. Além disso, ela era uma grande comunicadora. As famílias têm muitas necessidades que somente uma mulher forte no Senhor pode realizar. Leia novamente Provérbios 31 e identifique você mesma cada uma dessas qualidades de força e segurança.

Ela é uma mulher de grande sensibilidade

Uma mulher forte e virtuosa deve ser sensível, o que significa que ela deve ter a capacidade de entender rapidamente a necessidade das pessoas ao seu redor. Precisamos pedir ajuda a Deus, para termos discernimento quando alguém está magoado, desejando ter um momento a sós ou querendo alguém simplesmente para ouvi-lo. Todos nós podemos aprender a estar mais atentos às necessidades das pessoas que nos rodeiam.

Não se deixe enganar por pessoas que dizem que sensibilidade é sinônimo de fraqueza. Na sensibilidade que nos é dada por Deus, há grande força e sabedoria. Quantas vezes você já recebeu ajuda de alguém que simplesmente a compreendeu quando você mais necessitava?

Ela é louvável

Provérbio 31:10 questiona: *Mulher virtuosa quem a achará?* Outra forma de dizer seria: "Quem achará uma mulher de tanto valor?" Quem reconhece esta mulher? Sua família! Frequentemente, nós mulheres, procuramos elogios e atenção em outros lugares. Tentamos agradar qualquer pessoa, exceto nossa família. Mas eles nos conhecem muito bem. Porém, a família é o mais importante cenário — onde a mulher virtuosa encontra reconhecimento.

Ela respeita o Senhor

Ao concluirmos este capítulo, este se torna um dos aspectos mais importantes. Seu verdadeiro valor e beleza se destacam porque ela respeita o Senhor. Todos precisam de um senso de valor e beleza. Não importa o quanto tentemos melhorar nossa aparência exterior, nossa beleza deve vir do interior, ou seja, do coração. Quando o coração da mulher está centrado no Senhor, essa atitude resplandece em sua face. Salmo 128:1-2 descreve a fonte de beleza e paz interior: *Bem-aventurado aquele que teme ao SENHOR e anda nos seus caminhos! Do trabalho de tuas mãos comerás, feliz serás, e tudo te irá bem.*

Pensamentos finais

Vamos pedir ao Senhor para nos ajudar a sermos mulheres virtuosas, não somente para nossos amigos ou vizinhos, mas também com nossos familiares, pois estes se levantarão e nos chamarão de bem-aventurada.

Tópicos para discussão

1. Com suas próprias palavras explique o significado do Salmo 128:1-2.
2. Quem escreveu Provérbios 31?
3. Enumere cinco características da mulher virtuosa descritas nesta passagem.
4. Quais são os membros da família que a consideram mulher virtuosa?
5. Mencione uma área em sua vida, em que você precisa pedir a Deus que a ajude a equiparar-se à descrição da mulher virtuosa.

Capítulo 2

Eva
Mãe da humanidade

Como deve ter sido ser a primeira mulher na face da Terra? Quais foram os primeiros pensamentos quando ela viu Adão, seu marido? Explorar todo o Jardim do Éden e aprender tudo sobre os diferentes animais e plantas deve ter sido divertido. Use sua imaginação por algum tempo e tente visualizar tudo o que Eva teve que aprender rapidamente.

A criação de Eva

O termo *mulher* é descrito pela primeira vez em Gênesis 1:27, onde lemos que Deus criou ambos, homem e mulher: *"Criou Deus, pois, o homem à sua imagem, à imagem de Deus o criou; homem e mulher os criou."*

Gênesis 2:20-23 continua dizendo:

²⁰Deu nome o homem a todos os animais domésticos, às aves dos céus e a todos os animais selváticos; para o homem, todavia, não se achava uma auxiliadora que lhe fosse idônea. ²¹Então, o SENHOR Deus fez cair pesado sono sobre o homem, e este adormeceu; tomou uma das suas costelas e fechou o lugar com carne. ²²E a costela que o SENHOR Deus tomara ao homem, transformou-a numa mulher e lha trouxe. ²³E disse o homem: Esta, afinal, é osso dos meus ossos e carne da minha carne; chamar-se-á varoa, porquanto do varão foi tomada.

Deus descreve a criação da mulher em detalhes. A mulher era primeiramente humana. Nós mulheres às vezes nos esquecemos disso. Pretendemos ser super-humanas, tentando desesperadamente atender todas as expectativas ao nosso redor. Pensamos que devemos ser esposas perfeitas, funcionárias exemplares, modelos de donas de casa que mantêm sempre o lar impecavelmente limpo, mães orgulhosas cujos filhos são sempre obedientes, melhores cozinheiras e costureiras do mundo. Porém, na verdade, devemos aprender a nos aceitar como Deus nos criou e tentar somente agradá-lo.

Uma segunda característica da mulher foi ter sido criada superior ao mundo animal. Algumas mulheres consideram-se inferiores, sub-humanas. Deus não criou a mulher dessa maneira. Como algumas mulheres se consideram tão inferiores, esperam ser tratadas como cães, galinhas, ou compradas ou vendidas como uma vaca; elas não têm ideia do seu verdadeiro valor diante de Deus. Todas as mulheres precisam entender completamente o propósito para o qual Deus as criou.

Deus criou a mulher para ser equivalente ao homem — sua ajudante idônea — e sendo criada do próprio homem, ela mantém um relacionamento íntimo com ele.

Eva foi única

Eva foi única em diversas maneiras, pois não teve outra mulher para ensiná-la ou a quem pudesse recorrer como modelo. Com certa frequência, nós mulheres, culpamos nosso passado e os hábitos adquiridos na infância. Dizemos: "Esse é o modo que me ensinaram", ou "Nunca ninguém me ensinou como fazer isso!" Eva nos dá o exemplo de completa dependência em Deus. Ela confiava em seu Criador para ensiná-la a viver, amar, enfrentar dificuldades e superar circunstâncias, sem nenhum exemplo humano a seguir.

Eva também era diferente porque nunca fora uma criança, uma filha, nem adolescente. Ela nunca pôde dizer aos seus filhos: "Quando eu era uma criança...!" Ela foi a primeira mãe do mundo. Gênesis 5 fala dos filhos e filhas de Adão e Eva. O versículo 4 diz: *Depois que gerou a Sete, viveu Adão oitocentos anos; e teve filhos e filhas.* A Bíblia não relata quantos filhos Adão e Eva tiveram, mas se Eva viveu a mesma quantidade de anos que Adão — 930 anos —, a primeira família do mundo deve ter tido inúmeros filhos.

Mulheres, nós não devemos viver sem coragem, qualquer que seja a situação. Eva enfrentou problemas parecidos com os nossos. Deus, a fonte de sua força, não mudou. Assim como Ele ajudou Eva, irá nos ajudar também.

É possível que Eva tenha sido a mais bela das mulheres que o mundo conheceu. Ela era perfeita, completa e criada pelas próprias mãos de Deus. Ela não teve beleza artificial. Deus não nos deu uma descrição da aparência física de Eva, mas pelo que lemos, Adão nunca teve nada a reclamar sobre este item!

O pecado de Eva e suas consequências

Eva foi a primeira e única mulher que iniciou sua vida sem uma natureza pecaminosa. Ela era pura e santa, criada sem pecado; mas foi também a primeira pessoa a cometer pecado. Ela vivia num ambiente perfeito, porém esse fato não a manteve longe dos ataques de Satanás. Não nos faz bem gastar nosso tempo desejando que nossas circunstâncias sejam melhores. Como Eva, cometemos erros ao permitirmos que nossa vontade nos induza a desobedecer a Deus.

Ceder à tentação priva-nos de ter comunhão com Deus e afeta todos aqueles a quem amamos. Vemos isso no relacionamento de Eva e Adão, e mais tarde com sua família. Toda humanidade é descendente dessa primeira família que teve natureza pecadora. Romanos 5:12 diz: *Portanto, assim como por um só homem entrou o pecado no mundo, e pelo pecado, a morte, assim também a morte passou a todos os homens, porque todos pecaram.*

Eva também foi a primeira estilista de moda do mundo! Ela fez roupas de folhas de figueira! Antes do pecado entrar no mundo, Adão e Eva andavam nus e não se envergonhavam. As Escrituras em Gênesis 3:7 dizem: *Abriram-se, então, os olhos de ambos; e, percebendo que estavam nus, coseram folhas de figueira e fizeram cintas para si.*

Deus rejeitou aquelas vestes de folhas de figueira. A Bíblia não registra que Deus os repreendeu verbalmente por suas roupas de folhas. Ele simplesmente corrigiu a situação, e Gênesis 3:21 diz: *Fez o SENHOR Deus vestimenta de peles para Adão e sua mulher e os vestiu.* Mais adiante, quando Deus deu Suas leis aos filhos de Israel, Ele deixou claro que o sangue de um animal era necessário para ser oferecido como pagamento de um pecado. Hebreus 9:22 diz: *Com efeito, quase todas as coisas, segundo a lei, se purificam com sangue; e, sem derramamento de sangue, não há remissão.*

Por que Deus rejeitou as roupas de folhas de figueira? Porque essa era a tentativa de Adão e Eva para esconderem o seu pecado. Ao invés disso, Deus lhes providenciou vestimentas de pele de animal sacrificado. Desse modo, a roupa é uma lembrança do pecado e de suas consequências.

Os filhos imperfeitos de Eva

A Bíblia nos conta a história dos primeiros dois filhos de Eva, Caim e Abel. Caim foi um fazendeiro, e Abel um pastor de ovelhas. Estes rapazes devem ter trazido muita alegria para a vida de Eva. Podemos notar que ela deve ter sido uma mãe boa e fiel, ensinando os filhos como viver suas vidas para agradar a Deus. A Bíblia nos diz que cada um dos seus filhos ofereceu sacrifícios a Deus.

Deus recusou o sacrifício de Caim, que consistiu de um fruto da terra. Lembre-se que a primeira tentativa de Eva em fazer roupas, também foi recusada por Deus. Entretanto, Eva aceitou o que Deus disse, e esta foi a grande diferença, e vestiu roupas que Deus fez com a pele de animais. Caim, por outro lado, matou seu irmão, pois ele próprio estava irado contra Deus. Imagine quanta tristeza essa situação deve ter causado a Eva. Além de tamanha tristeza e vergonha, teve que sepultar seu segundo filho. Certamente nenhuma mulher poderia sofrer como ela sofreu naquele momento.

Em seu tempo de necessidade, Deus lhe deu outro filho. Ao chamá-lo pelo nome de Sete, Eva expressou sua fé no amor, misericórdia e provisão de Deus. Gênesis 4:25 ainda nos diz: *Tornou Adão a coabitar com sua mulher; e ela deu à luz um filho, a quem pôs o nome de Sete; porque, disse ela, Deus me concedeu outro descendente em lugar de Abel, que Caim matou.* Eva não se tornou amarga, mas confiou em Deus e continuou a viver.

A redenção de Eva

Eva foi a primeira a pecar. Ela viu as consequências de seu pecado quando esteve aos pés da sepultura de seu filho assassinado. Mas, Eva foi também a primeira mulher a ouvir a profecia de Deus sobre a morte de Seu próprio Filho em uma cruz quando Deus disse à serpente, o diabo, em Gênesis 3:15: *Porei inimizade entre ti e a mulher, entre a tua descendência e o seu descendente. Este te ferirá a cabeça, e tu lhe ferirás o calcanhar.*

Através de uma mulher, o mundo tão belo que Deus criara manchou-se com a horrenda marca do pecado. Também, através de uma mulher, o Filho de Deus foi trazido ao mundo. E na cruz, quando Jesus gritou, "Está consumado", Ele venceu todos os poderes e as forças satânicas que Adão e Eva como agentes do inimigo trouxeram à humanidade. Que Deus maravilhoso nós temos!

Pensamentos finais

Eva foi criada para ser a colaboradora idônea de Adão. Ela deveria ajudar Adão a cumprir as ordens de Deus de cultivar e cuidar da terra. Pense em sua situação. Se você é casada, você e seu marido estão trabalhando juntos para cumprir os planos de Deus em suas vidas?

Eva foi tentada por Satanás, e pecou. Você está consciente dos métodos que Satanás usa para tentá-la nos dia de hoje? Você está preparada para esses ataques? Quais foram os pensamentos de Eva sobre si mesma quando ela e Adão tiveram que deixar sua bela casa no Jardim do Éden? Se você estivesse no lugar dela, não se sentiria fracassada? Ao cometer um pecado, como você o enfrenta? É importante reconhecer que você não pode mudar ou deter as consequências do seu pecado. Eva viveu com o impacto de seu pecado em seu lar. Apesar disso, é importante destacar que o seu passado não a paralisou. Ela aceitou o perdão de Deus e viveu na expectativa da vinda do Salvador prometido.

Espero que tenhamos um novo olhar para a vida e para o exemplo que Deus nos deu através de Eva. Como diz na Bíblia, em Gênesis 3:20: *E deu o homem o nome de Eva a sua mulher, por ser a mãe de todos os seres humanos.*

Tópicos para discussão

1. Quais características exclusivas foram dadas à mulher em sua criação?
2. Indique três características que diferenciam Eva das mulheres de hoje.

3. Eva fez muitas coisas que nenhuma mulher havia feito antes. Enumere três.
4. Qual a atitude de Eva que lhe permitiu viver vitoriosamente ao invés de ser derrotada por seu pecado?
5. Em que área de sua vida você se identifica com Eva? Por quê?

Capítulo 3

Sara
Mãe das nações
Parte 1

Neste e no próximo capítulo, estudaremos a vida de Sara, esposa de Abraão. Fala-se muito sobre esta mulher no Antigo e Novo Testamento. Sara ocupa um lugar importante nos livros da história hebraica por ser a mãe do povo judeu.

A vida de Sara demonstra vividamente o quanto Deus é santo, justo e também amoroso. Ele não será zombado, mas mostra verdadeira misericórdia. Ele ouve as orações de Seus filhos e conhece os mais profundos desejos de seus corações.

Experiências de Sara

A primeira vez que encontramos Sara, seu nome era Sarai. Deus mudou o nome dela e de seu marido Abrão, quando apareceu a Abrão para estabelecer uma aliança com ele. Sarai mudou seu nome para Sara, que significa princesa. Abrão se tornou Abraão, quando Deus disse a ele ...*porque por pai de numerosas nações te constituí* (Gênesis 17:5).

Nos dias de hoje as pessoas mudam seus nomes por várias razões. Porém, as mudanças de nomes na Bíblia têm grande significado, porque foram feitas por Deus. Nas mudanças dos nomes de Abrão e Sarai, Deus deu-lhes um selo ou sinal de Sua promessa. Lemos sobre isso em Gênesis 17:3-5,15-16:

> ³Prostrou-se Abrão, rosto em terra, e Deus lhe falou: ⁴Quanto a mim, será contigo a minha aliança; serás pai de numerosas nações. ⁵Abrão já não será o teu nome, e sim Abraão; porque por pai de numerosas nações te constituí. [...] ¹⁵Disse também Deus a Abraão: A Sarai, tua mulher, já não lhe chamarás Sarai, porém Sara. ¹⁶Abençoá-la-ei e dela te darei um filho; sim, eu a abençoarei, e ela se tornará nações; reis de povos procederão dela.

Sara nasceu na cidade de Ur, dos caldeus, na terra da Babilônia. Ela era filha de Terá, o pai de Abraão, o que consequentemente fez de Abraão e Sara meio-irmãos. Apesar de serem filhos do mesmo pai, o casamento deles foi aceito de acordo com os costumes locais porque eram filhos de mães diferentes, conforme lemos em Gênesis 20:12: *Por outro lado, ela, de fato, é também minha irmã, filha de meu pai e não de minha mãe; e veio a ser minha mulher.*

Sara, a mãe das nações

Sara é única porque ela e seu marido foram os primeiros pais da grande raça judia, no entanto, eles procediam de uma cultura idólatra. Até mesmo o pai de ambos serviu outros deuses segundo lemos em Josué 24:2. Naquele tempo, não havia qualquer distinção entre judeus e gentios, porque a nação judia ainda não existia. Assim sendo, Abraão foi o primeiro homem a ser reconhecido como hebreu (Gênesis 14:13). Isso aconteceu depois que Deus prometeu tornar seus descendentes uma grande nação:

> Ora, disse o SENHOR a Abrão: Sai da tua terra, da tua parentela e da casa de teu pai e vai para a terra que te mostrarei; de ti farei uma grande nação, e te abençoarei, e te engrandecerei o nome. Sê tu uma bênção! (Gênesis 12:1-2).

Gênesis 17:15-16 relata a mudança do nome de Sarai:

> [15]Disse também Deus a Abraão: A Sarai, tua mulher, já não lhe chamarás Sarai, porém Sara. [16]Abençoá-la-ei e dela te darei um filho; sim, eu a abençoarei, e ela se tornará nações; reis de povos procederão dela.

A tradição hebraica descreve Sara como a mulher mais perfeita depois de Eva, a quem chamavam de "mãe de toda a humanidade". Sara recebe o título de "mãe das nações". Sem dúvida alguma, Sara é uma das mulheres mais importantes na história mundial.

O que fez de Sara uma mulher tão importante e excepcional? Com certeza, um fator essencial foi o exercício de sua fé! Hebreus 11:11 diz, *...a própria Sara recebeu poder para ser mãe, não obstante o avançado de sua idade, pois teve por fiel aquele que lhe havia feito a promessa.*

Você percebeu o segredo? Sara sabia que Deus permanece fiel à Sua promessa. Esta é uma importante lição para cada uma de nós aprendermos. Se colocarmos nossa confiança ou dependência em alguém ou algo inferior a Deus que é o único perfeito, consequentemente nos tornamos inferiores ao que Deus quer se sejamos. Frequentemente fracassamos em nossas vidas cristãs porque confiamos em nossas próprias habilidades ao invés de colocar nossa confiança em Deus. O conceito que Sara possuía a respeito de Deus é a primeira e mais importante lição que podemos aprender com ela.

Deus chama Abraão

Não podemos estudar Sara sem considerar Abraão, pois eram marido e mulher. Eles viviam em um lugar chamado Hará quando Deus um dia disse a Abraão que eles haveriam de se mudar. Porém, além do fato de se mudarem, Deus queria que essa mudança fosse um total ato de fé. Deus não lhes disse para onde iriam. Disse somente que eles se mudariam para uma terra que Ele lhes mostraria (Gênesis 12:1).

Infelizmente, Abraão obedeceu apenas parcialmente quando Deus lhe disse pela primeira vez que ele deveria mudar-se (Gênesis 11:31). Ele fez duas coisas que não deveria ter feito. Em primeiro lugar, levou consigo alguns familiares, quando Deus lhe dissera que não o fizesse. Em segundo, ao estabelecer-se em Hará, ali se deteve, não considerando que tinha um destino para chegar: *vai para a terra que te mostrarei.*

Em Gênesis 12:1-5, novamente Deus fala com Abraão dizendo-lhe que deveria prosseguir. A Bíblia diz que Abraão seguiu tal como o Senhor havia lhe ordenado. Sara, como era esperado, acompanhou-o. Assim sendo, Sara pela segunda vez, teve que deixar sua casa, seus familiares e tudo o que conhecia. Ela seguiu seu marido. Ambos seguiam com fé, atentos às promessas do Senhor.

Abraão e Sara estavam juntos nessa mudança em obediência a Deus. A Bíblia não relata nenhum deles reclamando ou questionando Deus. Deixar a terra natal não os desuniu, nem diminuiu o amor que sentiam um pelo outro.

A Bíblia também não indica que Sara quisesse voltar. O que lemos é que ela sempre demonstrou respeito e obediência ao seu marido.

Aonde quer que fosse Abraão, sua prosperidade aumentava, tornando-se assim, um homem muito rico. Nem as riquezas, nem sua posição influenciaram o compromisso mútuo de Abraão e Sara. Nos dias atuais, muitos casamentos se desfazem quando o marido ou a esposa conquistam maior instrução, ou melhor posição no trabalho. Podemos aprender com o compromisso que Sara tinha com seu marido.

A mentira de Abraão e Sara

Quando Abraão e Sara atravessaram a parte da região mais ao sul da terra que Deus lhes havia dado, houve uma grande escassez de alimentos, motivo esse que os fez decidir partir para o Egito. Sara era uma mulher muito bonita, e Abraão temeu dizer ao rei do Egito que ela era sua esposa. Ele temia que o rei o matasse e levasse Sara ao seu harém. Por essa razão, o casal traçou um plano.

Abraão disse ao rei que Sara era sua irmã, o que era verdade, porém, não totalmente. O rei levou Sara ao seu palácio com a intenção de possuí-la. Todavia, Deus disse ao rei para não tocá-la, pois ela era mulher de outro homem. Assim vemos como Deus os protegeu uma vez mais. Teria sido muito melhor se eles tivessem confiado completamente nele ao invés de fazerem seus próprios planos.

Pensamentos finais

Abraão e Sara pecaram do mesmo modo que nós. A Bíblia registra o seu fracasso e, no entanto, Deus ainda os usou grandemente. As pessoas muitas vezes acreditam que se cometerem um erro, será o fim; Deus nunca mais poderá usá-las, o que não é verdade! Se você pecou, confesse a Deus seu pecado, pois somente Ele fará as correções necessárias. A Palavra de Deus diz em 1 João 1:9: *Se confessarmos os nossos pecados, ele é fiel e justo para nos perdoar os pecados e nos purificar de toda injustiça.*

Deus pode e perdoará o seu pecado também, e a restaurará a um lugar de gozo e serviço em Seu reino.

Tópicos para discussão

1. Descreva as experiências na vida de Sara.
2. Qual foi o título especial que Sara recebeu?
3. Mencione duas lições importantes sobre Deus que podemos aprender com Sara.
4. Enumere dois pecados nas vidas de Abraão e Sara.
5. O erro de uma pessoa pode desqualificá-la para sempre para o serviço de Deus? Justifique.

Capítulo 4

Sara
Mãe das nações
Parte 2

No CAPÍTULO ANTERIOR analisamos as experiências da vida de Sara, sua obediência e lealdade a seu marido, e a mentira de Abraão e Sara. Aprendemos que o fato de Sara ter colaborado com aquela "meia verdade" não a desqualificou totalmente. Deus fez uma promessa a Sara, e manteve Sua palavra.

A esterilidade de Sara

Apesar de Abraão ter sido um homem próspero e, provavelmente, Sara nunca ter sentido falta de qualquer coisa que o dinheiro pudesse comprar, ainda assim, ela tinha uma grande tristeza. O casal vivia um longo e feliz casamento, mas não tinham filhos.

Deus prometera dar-lhes um filho e torná-lo uma grande nação. No entanto, os dias se multiplicaram em meses e os meses em anos. Abraão e Sara envelheceram e tornou-se fisicamente impossível para ela ter filhos.

Dez anos após Deus ter lhes prometido um filho, Sara se desesperou e elaborou outro plano. Às vezes, somos muito lentos para aprender de experiências passadas. Vimos no capítulo anterior como Abraão e Sara enganaram os egípcios para evitarem um possível problema. Com grande amor, Deus os livrou. Sara tramou, novamente, uma maneira de ter filhos que não estava nos planos de Deus. Você se surpreende pelo fato de Abraão aceitar fazer parte do plano tramado por Sara?

Mas antes de julgar duramente Abraão e Sara, precisamos analisar nossas próprias vidas. Quantas vezes tentamos ajudar Deus fazendo nossos próprios planos? Devemos permitir que Ele cumpra Suas promessas como lhe convém. Isso é bem melhor do que nos preocuparmos. O triste é que algumas de nós preferimos nos preocupar.

O plano de Sara era dar sua serva Hagar a Abraão, pois assim ela poderia ter um filho, ou seja, um filho que seria de Abraão. Sara pensava consigo mesma que essa seria a maneira de cumprir a promessa de Deus. Encontramos essa história em Gênesis 16:1-2,4,15-16:

> ¹Ora, Sarai, mulher de Abrão, não lhe dava filhos; tendo, porém, uma serva egípcia, por nome Hagar, ²disse Sarai a Abrão: Eis que o Senhor me tem impedido de dar à luz filhos; toma, pois, a minha serva, e assim me edificarei com filhos por meio dela. E Abrão anuiu ao conselho de Sarai. [...] ⁴Ele a possuiu, e ela concebeu. Vendo ela que havia concebido, foi sua

senhora por ela desprezada. [...] ¹⁵Hagar deu à luz um filho a Abrão; e Abrão, a seu filho que lhe dera Hagar, chamou-lhe Ismael. ¹⁶Era Abrão de oitenta e seis anos, quando Hagar lhe deu à luz Ismael.

O plano de Sara não fazia parte do plano divino. Deus apareceu novamente a Abraão e Sara. Ele mudou o nome de ambos e reafirmou Sua promessa de que lhes daria um filho. Especificamente, Deus lhes disse que daria um filho a Abraão por meio de Sara. No tempo certo, Deus cumpriu Sua promessa, conforme lemos em Gênesis 21:1-5:

> ¹Visitou o SENHOR a Sara, como lhe dissera, e o SENHOR cumpriu o que lhe havia prometido. ²Sara concebeu e deu à luz um filho a Abraão na sua velhice, no tempo determinado, de que Deus lhe falara. ³Ao filho que lhe nasceu, que Sara lhe dera à luz, pôs Abraão o nome de Isaque. ⁴Abraão circuncidou a seu filho Isaque, quando este era de oito dias, segundo Deus lhe havia ordenado. ⁵Tinha Abraão cem anos, quando lhe nasceu Isaque, seu filho.

Por meio do nascimento milagroso de Isaque, os judeus começaram a ser denominados como povo escolhido por Deus.

O que aconteceu com Sara depois do nascimento de Isaque? A Bíblia não nos dá muitos detalhes, mas narra um acontecimento em Gênesis 21. No dia que Isaque foi desmamado, Abraão deu uma grande festa. Durante a festa, Ismael, filho de Abraão e Hagar zombou de Isaque. Sara, viu o que estava acontecendo e pediu a Abraão para expulsar Ismael e Hagar. Abraão sentiu-se muito incomodado, mas Deus falou com ele, de acordo com o que lemos em Gênesis 21:12-13:

> ¹²Disse, porém, Deus a Abraão: Não te pareça isso mal por causa do moço e por causa da tua serva; atende a Sara em tudo o que ela te disser; porque por Isaque será chamada a tua descendência. ¹³Mas também do filho da serva farei uma grande nação, por ser ele teu descendente.

Em geral, Deus não diria a um marido para seguir as instruções da esposa. Mesmo neste caso, Abraão mandou Ismael embora porque Deus mandou, não porque Sara lhe pediu. Certamente as esposas podem compartilhar suas ideias e sentimentos com seus maridos, mas como cabeça do lar, o marido é aquele que toma as decisões alicerçadas naquilo que Deus quer que ele faça.

A morte de Sara

A Bíblia diz que Sara viveu 127 anos. Ela é a única mulher cuja idade está registrada nas Escrituras. Abraão viveu mais 38 anos após a morte de Sara. Em Gênesis 15:15, o Senhor prometeu a Abraão uma *ditosa velhice*, — prova significativa da fidelidade de Deus. A devoção a Deus foi recompensada com longevidade.

Sara e Abraão viveram por muitos anos como nômades. Contudo, quando Sara faleceu, Abraão comprou um pedaço de terra para enterrá-la, ao invés de colocar seu corpo em um lugar que ela poderia ser facilmente esquecida. Abraão comprou uma caverna em Macpela, onde a sepultou.

Abraão viveu 175 anos, conforme está descrito em Gênesis 25. Seus filhos o sepultaram próximo a Sara, na mesma caverna. Mesmo na morte, podemos vê-los novamente juntos depois de uma vida repleta de acontecimentos.

Sara é citada como um exemplo pelos escritores do Novo Testamento

Paulo usa Hagar, Sara e seus filhos como um exemplo para mostrar que a lei e a graça não podem existir simultaneamente, no livro de Gálatas 4:21-31. O filho de Hagar havia nascido naturalmente; ele representa a intenção de obter a salvação baseada nas obras da lei. Isaque havia nascido porque era o filho da promessa de Deus. Ele representa a salvação obtida pela graça e promessa de Deus. Paulo descreve o contraste entre a lei e a graça. A lei nos prende aos nossos próprios limites, mas a graça nos liberta, dando espaço para Deus trabalhar.

O apóstolo Paulo também usa Sara como um exemplo de obediência e submissão de uma mulher casada a seu marido. Ele escreve em 1 Pedro 3:5-6: *Pois foi assim também que a si mesmas se ataviaram, outrora, as santas mulheres que esperavam em Deus, estando submissas a seu próprio marido, como fazia Sara, que obedeceu a Abraão...*

O dicionário Houaiss define submissão como: disposição para obedecer, para aceitar uma situação de subordinação. Como mulheres casadas, estamos dispostas a aceitar e seguir a liderança e autoridade de nossos maridos, pois desse modo estaremos aceitando e seguindo a liderança do Senhor. Muitas mulheres recusam-se a seguir o ensinamento bíblico acerca da submissão. Algumas pensam que se assim o fizerem, se tornam inferiores a seus maridos.

Sara, contudo, não perdeu sua individualidade. Fisicamente ela era uma linda mulher, e, de igual modo, voluntariosa e determinada. No entanto, em lugar algum das Escrituras encontramos qualquer relato de que ela desobedeceu a seu marido.

Algumas mulheres podem considerar difícil obedecer a seus maridos, por serem cristãs e seus maridos não adorarem o verdadeiro Deus. Podem existir situações em que a obediência ao marido pode significar opor-se à Palavra de Deus. Seja como for, no entanto, a Bíblia usa Sara como um exemplo às mulheres, e faríamos bem se prestássemos atenção em seu exemplo de submissão e obediência.

Pensamentos finais

Se você está casada ou planejando casar-se, pare um momento para avaliar seu relacionamento com seu marido ou noivo. Você está disposta a seguir seus comandos? *As mulheres sejam submissas ao seu próprio marido, como ao Senhor; porque o marido é o cabeça da mulher, como também Cristo é o cabeça da igreja...* (Efésios 5:22-23a).

Se você precisa da ajuda de Deus na área da submissão, peça-lhe para dar-lhe a fé que você precisa para confiar em Suas promessas, quaisquer que sejam as circunstâncias.

Tópicos para discussão

1. Por que Sara achou necessário elaborar seu próprio plano para ter filhos?

2. Apesar de seu plano, como Deus mostrou a Sara Sua misericórdia?
3. Por que você acha que Abraão concordou com o plano de Sara?
4. Qual foi o acontecimento singular na morte de Sara?
5. De que maneira, os apóstolos Paulo e Pedro usaram a vida de Sara como exemplo?

Capítulo 5

Hagar
Vítima das circunstâncias

HAGAR FOI A SERVA QUE deu à luz a um filho de Abraão a pedido de Sara. Porém, este não era o plano de Deus, e causou ciúmes e amargura na vida de todos. Quando Sara ordenou que Hagar coabitasse com Abraão, a jovem escrava fez o que lhe havia sido ordenado. É pouco provável que ela tivesse escolhas. Ela era uma vítima das circunstâncias.

Ela não é a única. Muitas de nós também nos encontramos perante situações confusas e problemáticas. Às vezes, nos envolvemos em problemas mesmo sendo tão inocentes quanto Hagar. Nossos problemas podem não ser os mesmos dela; todavia, são igualmente verdadeiros. Acredito que ao estudarmos a vida de Hagar seremos encorajadas pela grande misericórdia e cuidado amoroso demonstrados por Deus em seu tempo de necessidade.

Experiências de Hagar

A Bíblia não nos relata muito sobre Hagar, que era somente uma escrava. Nada sabemos sobre seu passado ou família, exceto que era uma serva egípcia da esposa de Abraão (Gênesis 16:1). Podemos supor que ela era uma escrava que Abraão comprou para Sara quando estiveram no Egito.

Como serva de Sara, esta tinha direito legais sobre Hagar para fazer o que bem lhe agradasse. Como Sara não podia conceber filhos, deu sua serva Hagar ao seu marido para que pudesse ter filhos em seu lugar. Este era um costume compatível com os princípios morais da época.

Porém, esse não era o critério moral de Deus, nem era essa Sua vontade para Abraão e Sara. Quando Sara notou que Hagar estava grávida, sentiu ciúmes. Sara queixou-se ao seu marido, que disse-lhe para fazer o que achasse melhor com sua serva Hagar.

Hagar foge de Sara

Com a permissão de Abraão, Sara tratou duramente sua serva Hagar. A situação da escrava era tão difícil que um dia ela fugiu para o deserto. Lemos sobre este acontecimento em Gênesis 16:6-11:

> [6]Respondeu Abrão a Sarai: A tua serva está nas tuas mãos, procede segundo melhor te parecer. Sarai humilhou-a, e ela fugiu de sua presença. [7]Tendo-a achado o Anjo do SENHOR junto a uma fonte de água no deserto, junto à fonte no caminho de Sur, [8]disse-lhe: Hagar, serva de Sarai, donde vens e para onde vais? Ela respondeu: Fujo da presença de Sarai, minha senhora.

⁹Então, lhe disse o Anjo do Senhor: Volta para a tua senhora e humilha-te sob suas mãos. ¹⁰Disse-lhe mais o Anjo do Senhor: Multiplicarei sobremodo a tua descendência, de maneira que, por numerosa, não será contada. ¹¹Disse-lhe ainda o Anjo do Senhor: Concebeste e darás à luz um filho, a quem chamarás Ismael, porque o Senhor te acudiu na tua aflição.

A fuga de Hagar era compreensível, porém não aceitável aos olhos de Deus. A maneira como Sara tratou Hagar foi incorreta, mas dois erros não fazem um acerto. O anjo do Senhor disse a Hagar para retornar e ser submissa a sua senhora. Imagine como deve ter sido difícil para Hagar ouvir essas palavras.

Ao lermos o restante da passagem, vemos que Hagar obedeceu ao que o anjo do Senhor lhe disse. Talvez, como eu, você esteja imaginando como Hagar encontrou coragem para retornar. O próprio Deus deu-lhe a força para fazer o que era correto. Em Gênesis 16:13 Hagar disse: *Tu és Deus que vê.*

Como Hagar, também devemos aprender a receber força de Deus. Sabemos que por experiência pessoal, Deus nos concede grande conforto, segurança, esperança e fortalecimento. Ele vê nossos corações e conhece nossas necessidades em qualquer circunstância. Ao percebermos como Deus nos vê e nos conhece, nossa fé pode crescer: Jesus disse, *Bem-aventurados os limpos de coração, porque verão a Deus* (Mateus 5:8). A história de Hagar é um testemunho deste versículo.

Após sua experiência com o anjo do Senhor no deserto, Hagar retornou a Sara e teve o filho de Abraão e ele o chamou de Ismael. A Bíblia diz que Abraão tinha 86 anos quando Ismael nasceu e 100 anos quando Isaque nasceu.

Isso significa que durante 14 anos, Sara teve que ver o filho de seu marido nascido de outra mulher. Por essa razão, não é tão difícil entender a tensão provocada entre Abraão, Sara, Hagar e Ismael.

Hagar e Ismael são expulsos

Finalmente, Sara deu à luz a Isaque. Os problemas tornaram-se ainda maiores! Ismael zombou de Isaque na festa em que era celebrado o desmame do menino. Para Sara, este foi o limite, e não podendo aguentar mais aquela situação, pediu que Abraão expulsasse Hagar.

Pela segunda vez, Hagar encontrou-se no deserto. No entanto, ela não foi por vontade própria, mas sim porque havia sido expulsa, como Gênesis 21:14-19 relata:

> ¹⁴Levantou-se, pois, Abraão de madrugada, tomou pão e um odre de água, pô-los às costas de Hagar, deu-lhe o menino e a despediu. Ela saiu, andando errante pelo deserto de Berseba. ¹⁵Tendo-se acabado a água do odre, colocou ela o menino debaixo de um dos arbustos ¹⁶e, afastando-se, foi sentar-se defronte, à distância de um tiro de arco; porque dizia: Assim, não verei morrer o menino; e, sentando-se em frente dele, levantou a voz e chorou. ¹⁷Deus, porém, ouviu a voz do menino; e o Anjo de Deus chamou do céu a Hagar e lhe disse: Que tens, Hagar? Não temas, porque Deus ouviu a voz do menino, daí onde está. ¹⁸Ergue-te, levanta o rapaz,

segura-o pela mão, porque eu farei dele um grande povo. ¹⁹Abrindo-lhe Deus os olhos, viu ela um poço de água, e, indo a ele, encheu de água o odre, e deu de beber ao rapaz.

Que quadro tão terrível! Hagar e seu filho morrendo de sede! Mas Deus foi tão misericordioso que não se esqueceu de Hagar — uma vítima das circunstâncias. De igual modo, não se esqueceu de Ismael. Sendo sua mãe uma vítima inocente, Ismael também o era — talvez mais ainda —, porque ele não teve escolhas em seu nascimento. Contudo, Deus manteve Sua promessa e fez dos descendentes de Ismael uma grande nação — as nações árabes de hoje.

A promessa de Deus de fazer dos descendentes de Abraão uma grande nação também foi cumprida. Assim como podemos encontrar muitas pessoas da raça judia em quase todos os países do mundo; também, podemos encontrar aqueles que pertencem às nações árabes. Portanto, os mesmos ciúmes e conflitos do começo da história dessas duas nações são evidentes até o dia de hoje em conflitos no Oriente Médio.

Lições da vida de Hagar

Podemos aprender muito com a vida de Hagar. Em primeiro lugar, devemos aprender a nos protegermos contra as tentações, mesmo quando elas são forçadas sobre nós. Para os costumes daquela época e cultura, pode ter sido considerado uma honra para uma escrava ser entregue ao seu amo para dar-lhe filhos. A Bíblia pouco relata sobre os antecedentes de Hagar. Não sabemos se ela acreditava e adorava o Deus verdadeiro, por conseguinte, não podemos afirmar que Hagar compreendia se a ordem de Sara sobre ela era correta ou não. Nem sabemos se Hagar poderia recusar o que lhe fora ordenado, mas, isso não muda o fato da imoralidade ser pecado diante de Deus.

Em segundo, Hagar nos mostra a insensatez de tomar decisões precipitadas. Ela não deveria ter fugido na primeira vez. Cada vez que tentamos controlar nossas próprias ações e adiantarmo-nos a Deus, podemos ter certeza que só encontraremos mais problemas à frente.

Olhando pelo lado positivo, a vida de Hagar revela o cuidado e a preocupação que Deus demonstra aos necessitados e humildes. Hagar também nos ensina que podemos encontrar refúgio em Deus em meio às mais adversas situações da vida.

Assim como vimos na vida de Sara, a história de Hagar nos lembra o quanto Deus é soberano. Ele mostra Seus planos e sempre cumpre o que promete.

Pensamentos finais

Espero que este estudo tenha sido fonte de conforto e ajuda, quaisquer que sejam suas circunstâncias. Talvez você não conheça Deus, e se pergunte como pode conversar com Ele e contar-lhe seus problemas. A Bíblia diz no livro de Romanos 10:13: *Porque: Todo aquele que invocar o nome do Senhor será salvo.*

Se você, pela fé pedir a Deus por salvação, Ele ouvirá, pois enviou Seu único Filho, o Senhor Jesus Cristo para morrer na cruz por seus pecados. Ele também o ressuscitou dentre os mortos no terceiro dia. Com certeza com este imenso amor, Deus se revelará a você. Confie nele ainda hoje!

Para os cristãos é difícil confiar em Deus quando as circunstâncias estão fora do controle. Podemos encontrar o segredo de poder confiar em Deus — não importa as situações, somente ao percebermos que Deus está no controle. Ele sabe o que acontece em nossas vidas. Nada o surpreende. Quando aceitamos o que Deus permite acontecer em nossas vidas, podemos dizer como Davi: *O caminho de Deus é perfeito* (Salmo 18:30).

Vemos essa verdade confirmada na afirmação do apóstolo Paulo: *Sabemos que todas as coisas cooperam para o bem daqueles que amam a Deus, daqueles que são chamados segundo o seu propósito* (Romanos 8:28).

Tópicos para discussão

1. Por que a atitude de Sara ao oferecer sua escrava para coabitar com Abraão era incorreta?
2. Quais as qualidades de caráter que Hagar demonstrou ao ser confrontada pelo anjo do Senhor?
3. Descreva a situação entre Sara e Hagar, no lar em que viviam.
4. Que consequências ainda podemos ver como resultado do nascimento de Ismael?
5. Cite dois ensinamentos sobre Deus que podemos aprender com a vida de Hagar.

Capítulo 6

A mulher de Ló

Vítima da desobediência

Deus é justo, e por essa razão, Ele relata o exemplo de mulheres boas e más em Sua Palavra. Neste capítulo, aprenderemos como exemplos negativos e positivos podem nos ensinar a viver de uma maneira melhor.

Experiências da mulher de Ló

Ao olharmos para a história da mulher de Ló, a minha oração é que sintamos o peso do significado das palavras contidas em um dos versículos mais curtos da Bíblia. Jesus disse: *Lembrai-vos da mulher de Ló* (Lucas 17:32).

Esta mulher é mencionada duas vezes na Bíblia, e nem sequer sabemos seu nome. As passagens na Bíblia referem-se a ela simplesmente como "a mulher de Ló". Por todo o curso da história, ela é lembrada como uma solene advertência às mulheres de todas as partes.

Ló era sobrinho de Abraão, anteriormente chamado Abrão — um homem muito rico, que compartilhou suas riquezas com seu sobrinho. Também foi um homem que viveu em retidão diante de Deus. À medida que os rebanhos de ambos cresciam e se multiplicavam, houve várias discussões entre seus pastores, então, Abrão, tratou o problema com seu sobrinho Ló. Gênesis 13:8-9 relata:

> ⁸Disse Abrão a Ló: Não haja contenda entre mim e ti e entre os meus pastores e os teus pastores, porque somos parentes chegados. ⁹Acaso, não está diante de ti toda a terra? Peço-te que te apartes de mim; se fores para a esquerda, irei para a direita; se fores para a direita, irei para a esquerda.

A Bíblia relata que Ló olhou ao seu redor e tomou a terra que parecia melhor para seus rebanhos. A terra que ele escolheu estava cercada por uma cidade muito corrupta e cheia de maldade chamada Sodoma. Motivado por seu egoísmo, Ló mudou-se para Sodoma.

A família de Ló

Os homens de Sodoma eram extremamente perversos e pecadores contra o Senhor. Ló não somente se mudou para aquela localidade, mas também, em pouco tempo, se tornou um cidadão de Sodoma. Sabemos que ele era um homem honrado e respeitado na comunidade porque sentava-se à porta da cidade, sendo este um lugar de proeminência.

Não encontramos na Bíblia relatos mais específicos sobre os antecedentes da mulher de Ló, mas, a impressão que temos, é que ela desfrutava das riquezas e da posição de seu marido na cidade, e alguém que se apegou aos bens materiais.

A maldade dos sodomitas

Continuando com a história verídica de Ló e sua família, lemos em Gênesis 19:1,3:

> ¹Ao anoitecer, vieram os dois anjos a Sodoma, a cuja entrada estava Ló assentado; este, quando os viu, levantou-se e, indo ao seu encontro, prostrou-se, rosto em terra. [...] ³Instou-lhes muito, e foram e entraram em casa dele; deu-lhes um banquete, fez assar uns pães asmos, e eles comeram.

Neste texto, vemos que dois anjos que pareciam homens comuns foram visitar Ló. Ele levou-os à sua casa e preparou-lhes uma refeição. Supomos, então, que sua esposa participou na preparação da comida.

Os sodomitas eram tão perversos que queriam que Ló entregasse os dois homens para praticar com eles sua perversidade sexual. Com a intenção de proteger seus hóspedes, Ló ofereceu suas filhas aos sodomitas para que satisfizessem seus desejos sexuais. Esta atitude nos mostra como o fato de viver em Sodoma havia afetado Ló e sua família. A Bíblia continua dizendo que quando os homens da cidade estavam a ponto de arrombar a porta da casa de Ló, os anjos realizaram um milagre, cegando instantaneamente os homens que estavam à porta.

Diante de tanta confusão, eles não puderam achar a porta, e a família de Ló permaneceu em segurança.

Libertos pela graça de Deus

No livro de Gênesis 19:12-16 continua o relato da proteção angelical assegurada a Ló e sua família:

> [12]Então, disseram os homens a Ló: Tens aqui alguém mais dos teus? Genro, e teus filhos, e tuas filhas, todos quantos tens na cidade, faze-os sair deste lugar; [13]pois vamos destruir este lugar, porque o seu clamor se tem aumentado, chegando até à presença do Senhor; e o Senhor nos enviou a destruí-lo. [14]Então, saiu Ló e falou a seus genros, aos que estavam para casar com suas filhas e disse: Levantai-vos, saí deste lugar, porque o Senhor há de destruir a cidade. Acharam, porém, que ele gracejava com eles. [15]Ao amanhecer, apertaram os anjos com Ló, dizendo: Levanta-te, toma tua mulher e tuas duas filhas, que aqui se encontram, para que não pereças no castigo da cidade. [16]Como, porém, se demorasse, pegaram-no os homens pela mão, a ele, a sua mulher e as duas filhas, sendo-lhe o Senhor misericordioso, e o tiraram, e o puseram fora da cidade.

Deus, em Sua bondade, deu a toda família de Ló a oportunidade de escapar, porém, muitos de seus familiares não quiseram escutá-lo. Todos os membros da família foram destruídos junto com a cidade de Sodoma, com exceção de sua mulher e suas duas filhas que estavam em casa com Ló.

Lembrai-vos da mulher de Ló

Jesus disse para nos lembrarmos da mulher de Ló. Mas o que devemos lembrar sobre ela? Um dos aspectos é a consequência da desobediência. Podemos encontrar a explicação em Gênesis 19:17,24-26:

> ¹⁷Havendo-os levado fora, disse um deles: Livra-te, salva a tua vida; não olhes para trás, nem pares em toda a campina; foge para o monte, para que não pereças. [...] ²⁴Então, fez o SENHOR chover enxofre e fogo, da parte do SENHOR, sobre Sodoma e Gomorra. ²⁵E subverteu aquelas cidades, e toda a campina, e todos os moradores das cidades, e o que nascia na terra. ²⁶E a mulher de Ló olhou para trás e converteu-se numa estátua de sal.

A mulher de Ló já estava bem distante de Sodoma com seu marido e suas duas filhas quando se lembrou do que estavam deixando para trás, e virou-se em direção à cidade. Ela não prestou atenção à advertência dos anjos. Os desejos egoístas e sua incredulidade roubaram-lhe a razão e pagou sua desobediência com a própria vida.

Pensamentos finais

Certamente as filhas na família de Ló sabiam da atitude de sua mãe. Elas perceberam que a mãe não acreditara naquilo que os anjos e seu esposo haviam dito que aconteceria. As duas filhas presenciaram a desobediência da mãe e testemunharam as trágicas consequências. Hoje, também, alguém está observando nossas ações e atitudes. Devemos viver nossas vidas com pleno cuidado e bom testemunho.

Deus abençoou o seu lar com bens materiais, casa agradável, boa família e uma vida feliz e segura? Você estaria disposta a obedecer a Deus se Ele lhe pedisse para partir ou para fazer algo que atingisse seu conforto? Você está disposta a desistir do que Deus lhe pedir a fim de obedecê-lo?

Esta advertência também nos é dada hoje: *Lembrai-vos da mulher de Ló.*

Tópicos para discussão

1. Em que lugares a mulher de Ló é mencionada na Bíblia?
2. Quais as duas razões que a motivaram a olhar para trás?
3. Que lições podemos aprender com esta mulher?
4. Enumere três coisas que para você seria difícil de desistir. Por quê?
5. O que sua família considera de maior importância para você?

Capítulo 7

Rebeca
Mulher manipuladora

O CASAMENTO DE REBECA com Isaque pode ser descrito como *feito nos céus*. Encontramos sua história no capítulo 24 de Gênesis. Apesar do começo tão bonito que ela e Isaque tiveram, o relacionamento de ambos e a sua vida familiar desmoronou por completo. Rebeca nunca aprendeu como administrar adequadamente o seu lar.

Podemos aprender muito com a vida de Rebeca, mesmo sendo ela um exemplo daquilo que *não* devemos fazer. Sua vida teve muitos problemas que devemos tentar evitar.

Abraão envia seu servo

A primeira parte da história de Rebeca nos conta como ela e Isaque — o filho que Deus prometeu a Abraão e Sara — se conheceram. Abraão deixou sua terra natal para seguir a direção divina ao local que Deus prometera a ele e seus descendentes. Após a morte de Sara, Abraão negou-se a sepultá-la entre as pessoas daquela terra. Comprou um local para fazer o sepultamento. De igual modo, quando chegou o momento de encontrar uma esposa para Isaque, Abraão se opôs que seu filho se casasse com a filha dos idólatras daquela terra.

Por essa razão, Abraão enviou o servo que mais confiava para encontrar uma esposa para seu filho Isaque. Ao encontrar os familiares de Abraão, o servo explicou-lhes o propósito de seu regresso à terra natal. Gênesis 24:42-47 relata sobre o encontro do servo e Rebeca e como foi até a casa do irmão de Abraão:

> [42]Hoje, pois, cheguei à fonte e disse comigo: ó Senhor, Deus de meu senhor Abraão, se me levas a bom termo a jornada em que sigo, [43]eis-me agora junto à fonte de água; a moça que sair para tirar água, a quem eu disser: dá-me um pouco de água do teu cântaro, [44]e ela me responder: Bebe, e também tirarei água para os teus camelos, seja essa a mulher que o Senhor designou para o filho de meu senhor. [45]Considerava ainda eu assim, no meu íntimo, quando saiu Rebeca trazendo o seu cântaro ao ombro, desceu à fonte e tirou água. E eu lhe disse: peço-te que me dês de beber. [46]Ela se apressou e, baixando o cântaro do ombro, disse: Bebe, e também darei de beber aos teus camelos. Bebi, e ela deu de beber aos camelos. [47]Daí lhe perguntei: de quem és filha? Ela respondeu: Filha de Betuel, filho de Naor e Milca. Então, lhe pus o pendente no nariz e as pulseiras nas mãos.

O servo imediatamente reconheceu que a mão de Deus o havia guiado ao encontro de Rebeca. Ela era parenta de Abraão, exatamente da família que ele viera procurar. Ele prostrou-se e adorou ao Senhor Deus. Os familiares de Rebeca também reconheceram que o servo estava sendo guiado por Deus e disseram que ele poderia levá-la se ela assim desejasse. Encontramos a clara resposta de Rebeca em Gênesis 24:58: *Chamaram, pois, a Rebeca e lhe perguntaram: Queres ir com este homem? Ela respondeu: Irei.*

Rebeca juntou seus pertences e os servos dados a ela e partiu com o servo de Abraão para um lugar desconhecido e para se tornar esposa de um homem que não conhecia. Ao responder *"sim, quero"*, Rebeca expressou seu desejo de obedecer a Deus. A pergunta que cada uma de nós deve responder é a seguinte: "Estou pronta para seguir a Deus onde Ele me guiar quando Sua direção estiver claramente definida?"

Rebeca e Isaque se conhecem

Gênesis 24:63-67 relata o que aconteceu quando Isaque e Rebeca se conheceram:

> [63]Saíra Isaque a meditar no campo, ao cair da tarde; erguendo os olhos, viu, e eis que vinham camelos. [64]Também Rebeca levantou os olhos, e, vendo a Isaque, apeou do camelo, [65]e perguntou ao servo: Quem é aquele homem que vem pelo campo ao nosso encontro? É o meu senhor, respondeu. Então, tomou ela o véu e se cobriu. [66]O servo contou a Isaque todas as coisas que havia feito. [67]Isaque conduziu-a até à tenda

de Sara, mãe dele, e tomou a Rebeca, e esta lhe foi por mulher. Ele a amou; assim, foi Isaque consolado depois da morte de sua mãe.

A vida matrimonial de Rebeca

O amor de Rebeca e Isaque era um sentimento mútuo, eles casaram-se e desfrutaram das bênçãos de Deus sobre suas vidas. Porém, apesar de estarem casados por 20 anos, ainda não tinham filhos. Isaque orou pedindo um filho e Deus respondeu suas orações dando-lhes meninos gêmeos. Mesmo antes do nascimento dos gêmeos, Rebeca sentia uma grande luta interior. Ela orou ao Senhor sobre isso e Deus lhe avisou que ela estava grávida de gêmeos. A profecia de Deus a respeito dos gêmeos, dada antes do nascimento deles é encontrada em Gênesis 25:23: *Respondeu-lhe o Senhor: Duas nações há no teu ventre, dois povos, nascidos de ti, se dividirão: um povo será mais forte que o outro, e o mais velho servirá ao mais moço.*

A Bíblia relata mais sobre os gêmeos em Gênesis 25:27-28:

> [27]Cresceram os meninos. Esaú saiu perito caçador, homem do campo; Jacó, porém, homem pacato, habitava em tendas. [28]Isaque amava a Esaú, porque se saboreava de sua caça; Rebeca, porém, amava a Jacó.

À medida que Esaú e Jacó iam crescendo, lutavam continuamente entre si. Um dia Esaú voltou do campo para casa fraco e com fome. Como ele estava tão faminto naquele momento, vendeu seu direito de herança como filho primogênito a Jacó em troca de um ensopado de lentilhas. Esta atitude permitiu que Jacó tivesse direito à maior porção da herança e a uma maior bênção espiritual.

Ao envelhecer e perder sua visão, Isaque decidiu que era o tempo de dar sua bênção ao seu filho mais velho. Rebeca percebeu o que estava para acontecer e queria que Jacó, seu filho favorito, recebesse a bênção em lugar de Esaú. Ela convenceu Jacó a enganar seu pai e ainda o ajudou a fazê-lo. Foi assim que Jacó recebeu a bênção de Isaque, no lugar de Esaú.

Quando Esaú descobriu o que tinha acontecido, ficou muito furioso e quis matar Jacó. Para salvar sua vida, Rebeca enviou Jacó à casa do irmão dela — Labão. Jacó viveu e trabalhou na casa do tio durante 20 anos. Quando finalmente regressou ao seu lugar, sua mãe Rebeca já havia morrido. Por causa de sua fraude, Rebeca nunca mais reviu seu filho favorito.

Lições da vida de Rebeca

O que aconteceu na casa de Isaque e Rebeca? Quando começaram a errar? Após um começo tão bonito, uma perfeita combinação de Deus, eles deveriam ter vivido felizes para sempre. O que podemos aprender com a vida de Rebeca?

Em primeiro lugar, lembre-se da completa fé em Deus que Rebeca mostrou quando disse ao servo de Abraão: *Sim, quero*. Ela estava disposta a ir a uma terra desconhecida para ser esposa de um homem desconhecido. Nós temos esse mesmo tipo de fé em Deus?

Rebeca, no entanto, esqueceu-se da soberania divina, pois Deus lhe dissera que o seu filho mais velho deveria servir ao mais novo. Ela deveria ter confiado em Deus e esperado Ele agir. Ao invés de ter esperado, ela decidiu fazer tudo à sua própria maneira. É muito fácil para nós pensarmos que precisamos ajudar a Deus. Acreditamos que podemos planejar a vida para facilitar o trabalho divino. Tal pensamento não é sensato, porque agindo assim, cometeremos sempre os mesmo erros.

Outra lição importante da vida de Rebeca foi que o injusto favoritismo causou sérios transtornos em sua família. A divisão causada pelo favoritismo de um filho sobre outro foi devastadora. Precisamos examinar nossos próprios lares e relacionamentos. Frequentemente nossa atitude com relação aos nossos filhos influenciam nossos relacionamentos com eles e com o cônjuge.

Pensamentos finais

Rebeca era uma linda mulher e com muitas virtudes. Ela era inteligente, amável, ágil em seu pensar, com grande iniciativa e voluntariosa. Entretanto, Rebeca permitiu que o amor por seu filho mais novo a tornasse uma mulher "fraudulenta", traindo seu próprio marido.

Não devemos seguir o mau exemplo de Rebeca, pelo contrário, devemos permitir que Deus controle nossa personalidade por meio de Seu Espírito.

Nós podemos confiar que Deus cumprirá Sua perfeita vontade em nossas vidas e na vida de nossos filhos. O livro de Provérbios 14:1 afirma: *A mulher sábia edifica a sua casa, mas a insensata, com as próprias mãos, a derriba.*

Estamos edificando ou destruindo nossos lares?

Tópicos para discussão

1. Relacione duas boas qualidades de Rebeca que podemos tentar imitar em nossas vidas.
2. Enumere dois defeitos de Rebeca que devemos evitar.
3. Se você tem filhos (ou ensina crianças), mencione três metas espirituais que você estabeleceu para eles.
4. O que você já fez para certificar-se do cumprimento dessas metas?
5. Descreva os acontecimentos que prejudicaram o casamento de Rebeca.

Capítulo 8

Lia
Esposa leal

VOCÊ ALGUMA VEZ ENFRENTOU uma situação em que foi vítima inocente das circunstâncias? Você não tentou se envolver em tal situação, não teve culpa, mas mesmo assim foi envolvida no problema! Neste capítulo estudaremos a vida de Lia, uma mulher que se encontrou em tal situação.

Experiências de Lia

Lia era a filha mais velha de Labão, um pastor de ovelhas que vivia em Hará. Seu pai enganou Jacó, o homem que amava sua irmã mais nova Raquel. Labão entregou Lia como esposa no lugar daquela que Jacó esperava receber na noite de núpcias. Esse costume da cultura do país determinava que a irmã mais velha casar-se-ia primeiro.

Ao analisar a vida de Lia, aprenderemos como podemos fazer o que é correto, mesmo quando algo injusto foi cometido contra nós. Lia também nos mostra o exemplo de uma esposa leal apesar das circunstâncias desfavoráveis em seu lar.

Jacó chega à casa de Labão

Jacó fugia de Deus, mas no caminho de sua casa para a terra de seu tio Labão, teve um sonho. Jacó deu o nome do lugar onde sonhou de Betel, que significa "Casa de Deus". O Eterno prometeu a Jacó que onde quer que fosse, ele seria protegido e retornaria em segurança à sua casa. Jacó prometeu servir ao Senhor e dar-lhe a décima parte de tudo o que Deus lhe concedesse.

Depois de sair de Betel, finalmente Jacó chegou à casa de seu tio Labão. No caminho, ele encontrou sua prima Raquel cuidando das ovelhas. Foi amor à primeira vista! Quando Raquel percebeu que Jacó era seu parente, ela correu à sua casa e contou ao seu pai sobre a chegada do jovem.

Após Jacó ter contado a Labão tudo o que lhe tinha acontecido, seu tio o recebeu calorosamente. Jacó quis trabalhar para seu tio, e ambos concordaram que ele trabalharia durante sete anos para receber Raquel como sua esposa.

Diferenças entre Raquel e Lia

As diferenças entre as duas irmãs são relatadas em Gênesis 29:16-18:

> [16]Ora, Labão tinha duas filhas: Lia, a mais velha, e Raquel, a mais moça. [17]Lia tinha os olhos baços, porém

Raquel era formosa de porte e de semblante. ¹⁸Jacó amava a Raquel e disse: Sete anos te servirei por tua filha mais moça, Raquel.

A Bíblia não descreve o problema nos olhos de Lia. Mas, é evidente que havia uma grande diferença física entre as duas irmãs. Jacó sentiu-se atraído por Raquel.

Jacó trabalha para casar-se com Raquel

Jacó não somente sentiu-se atraído por Raquel, mas também sentiu profundo amor por ela, conforme lemos em Gênesis 29:20: *Assim, por amor a Raquel, serviu Jacó sete anos; e estes lhe pareceram como poucos dias, pelo muito que a amava.*

Ao final dos sete anos, Jacó lembrou seu tio da promessa que ele lhe havia feito. O casamento foi preparado. E como era costume, a noiva foi levada aos aposentos do noivo em um quarto completamente escuro e silencioso. Jacó não percebeu até a manhã seguinte que ele tinha sido enganado por Labão, que lhe deu Lia no lugar de Raquel.

Labão desculpou-se dizendo que não poderia entregar sua filha mais nova em casamento antes da mais velha. Isso era verdade de acordo com o costume local, porém não fazia parte do acordo estabelecido previamente por estes dois homens. Lia estava casada com um homem que amava sua irmã. A Bíblia relata que após Jacó ter convivido uma semana com Lia, recebeu também Raquel, mas, somente após prometer trabalhar por mais sete anos para seu tio Labão.

Uma situação perversa

Não posso imaginar uma situação pior do que essa. A Bíblia não traz detalhes sobre todos os problemas naquele lar, mas descreve um deles em Gênesis 29:30-31:

> ³⁰E coabitaram. Mas Jacó amava mais a Raquel do que a Lia; e continuou servindo a Labão por outros sete anos. ³¹Vendo o Senhor que Lia era desprezada, fê-la fecunda; ao passo que Raquel era estéril.

Deus abençoou Lia com filhos. Raquel teve que ouvir o choro dos filhos de sua irmã enquanto ela não tinha nenhum.

Como Lia não era tão amada quanto Raquel, talvez tenha passado mais tempo buscando a presença do Senhor para fortalecer-se. A Bíblia declara que Lia sentiu o cuidado de Deus no nascimento de cada um de seus filhos. Raquel teve o amor de Jacó, mas uma coisa é evidente na vida de Lia: apesar das circunstâncias, ela foi uma esposa verdadeira e fiel. Lia não voltou suas costas a Jacó e nem desistiu de tentar ganhar o seu amor.

A atitude de adoração de Lia perante o Senhor se revela nos nomes que ela deu aos seus filhos, como está descrito em Gênesis 29:32-35:

> ³²Concebeu, pois, Lia e deu à luz um filho, a quem chamou Rúben, pois disse: O Senhor atendeu à minha aflição. Por isso, agora me amará meu marido. ³³Concebeu outra vez, e deu à luz um filho, e disse: Soube o Senhor que era preterida e me deu mais este; chamou-lhe, pois, Simeão. ³⁴Outra vez concebeu Lia, e

deu à luz um filho, e disse: Agora, desta vez, se unirá mais a mim meu marido, porque lhe dei à luz três filhos; por isso, lhe chamou Levi. ³⁵De novo concebeu e deu à luz um filho; então, disse: Esta vez louvarei o Senhor. E por isso lhe chamou Judá; e cessou de dar à luz.

Mais adiante em Gênesis capítulo 30, vemos que Raquel estava com tanto ciúme dos filhos de Lia, que entregou Jacó a sua criada Bila para que pudesse ter filhos. Bila deu à luz a mais dois filhos.

Então, Lia também deu sua criada Zilpa a Jacó, e ela teve mais dois filhos. Depois Lia deu à luz a mais dois filhos e uma filha, a qual colocou o nome de Diná, que é a primeira filha cujo nome é mencionado na Bíblia no momento do nascimento.

Por fim, Raquel teve seu primeiro filho, dando-lhe o nome de José. Ao dar à luz ao seu segundo filho, chamado Benjamin, ela morreu. Sua morte foi o primeiro registro na Bíblia como consequência de um parto.

Lia é abençoada por Deus

O que aconteceu com Lia? A Bíblia não nos dá muitos detalhes, mas sabemos que ela gerou e criou seis filhos que foram os fundadores de metade das 12 tribos de Israel. Depois da morte de Raquel, Lia finalmente teve lugar de única esposa de Jacó. O Senhor abençoou Lia continuamente. Do seu filho Judá veio a linha messiânica do rei Davi, da qual nasceu Jesus. Outro filho de Lia deu origem à tribo sacerdotal de Levi, da qual Moisés e Arão eram descendentes.

Pensamentos finais

Quando penso em Lia, creio que ela foi um grande exemplo de mulher que mostrou fidelidade a Deus, quando morava na casa de seu pai e depois de casada. Nós não lemos nenhuma queixa ou amargura a respeito de seu aspecto físico ou pela situação de seu casamento, exceto quando ela entregou a Jacó sua criada. Lia parece haver feito sempre o que era correto, e Deus a abençoou.

Este é um bom momento para examinarmos nossas vidas. Aceitemos o desafio de Lia para nos contentarmos com nossas circunstâncias, não importam quais sejam.

Tópicos para discussão

1. Descreva as circunstâncias de Lia.
2. Como a Bíblia descreve as diferenças entre Lia e sua irmã?
3. De onde você acha que Lia e Raquel tiveram a ideia de entregar suas criadas a Jacó para terem filhos? O que isso nos ensina a respeito de sermos bons exemplos para nossos filhos?
4. De que maneira Deus abençoou Lia?
5. Você acha que Jacó, em algum momento, amou Lia?

Capítulo 9

Diná
Atraída pelo mundo

As mulheres que fazem parte deste livro de estudos, em sua maioria, representam um bom exemplo a seguir. Todavia, existem algumas que cometeram erros de julgamento ou simplesmente foram rebeldes. Elas nos ensinam o que não devemos fazer.

Diná, filha de Jacó e Lia, é uma delas. Ela era parte de uma família com a qual Deus havia feito uma aliança para abençoá-los. Seus irmãos foram os ancestrais das 12 tribos de Israel.

Por que Diná é um exemplo negativo?

Durante o período que Diná e o resto de sua família viajaram de Padã-Arã, para a cidade de Siquém em Canaã, Jacó comprou umas terras de Hamor, o príncipe de Siquém. Após terem se estabelecido, Diná decidiu ver como era a vida em Siquém. Esta atração e curiosidade causaram muitos problemas e angústia. A verdadeira história se encontra em Gênesis 34:1-2.

> ¹Ora, Diná, filha que Lia dera à luz a Jacó, saiu para ver as filhas da terra. ²Viu-a Siquém, filho do heveu Hamor, que era príncipe daquela terra, e, tomando-a, a possuiu e assim a humilhou.

Tenho certeza de que Diná deixou sua casa para visitar as filhas daquela terra, por uma curiosidade natural. Ela era a única mulher em uma família de 11 irmãos; ela não usou bom senso ao ir sozinha e sem proteção a uma cidade desconhecida.

Quando Diná apareceu sozinha em Siquém, tornou-se um grande alvo para os homens da cidade. A Bíblia revela que o filho de Hamor quando a viu, *tomando-a, a possuiu e a humilhou*. Alguns eruditos creem que as palavras "tomando-a", na linguagem hebraica do Antigo Testamento, quer dizer que ela fora violentada e estuprada.

Seja o que for, o príncipe de Siquém a desonrou. A Bíblia não nos diz se Diná resistiu ou tentou escapar. Quando seu irmão José passou por uma situação semelhante no Egito, ele correu, tendo que abandonar seu manto para trás quando a mulher de Potifar tentou seduzi-lo.

Gênesis 34:3-8 descreve como a família de Diná reagiu quando soube o que acontecera com ela:

> ³Sua alma se apegou a Diná, filha de Jacó, e amou a jovem, e falou-lhe ao coração. ⁴Então, disse Siquém

a Hamor, seu pai: Consegue-me esta jovem para esposa. ⁵Quando soube Jacó que Diná, sua filha, fora violada por Siquém, estavam os seus filhos no campo com o gado; calou-se, pois, até que voltassem. ⁶E saiu Hamor, pai de Siquém, para falar com Jacó. ⁷Vindo os filhos de Jacó do campo e ouvindo o que acontecera, indignaram-se e muito se iraram, pois Siquém praticara um desatino em Israel, violentando a filha de Jacó, o que se não devia fazer. ⁸Disse-lhes Hamor: A alma de meu filho Siquém está enamorada fortemente de vossa filha; peço-vos que lha deis por esposa.

Apesar de estar muito triste, parece que Jacó queria solucionar as coisas sem causar mais problemas. Mas os irmãos de Diná se enfureceram. Eles acharam que a irmã deles havia sido tratada como uma prostituta. No meio do relato, a Bíblia acrescenta que o homem que seduziu Diná sentiu-se atraído por ela o suficiente para querê-la como esposa.

Os irmãos de Diná, porém, fizeram um acordo com os homens daquele país. Eles disseram que Diná não poderia casar-se com um homem que não era circuncidado. Os homens da cidade juntaram-se e avaliaram as riquezas da família de Jacó. Eles decidiram pela circuncisão se esta era a condição para casar-se com as mulheres daquela família. Sendo assim, *todo homem foi circuncidado, dos que saíam pela porta da sua cidade* (Gênesis 34:24).

Os homens de Siquém mudaram seu aspecto exterior, não para serem puros diante de Deus ou para se identificarem com o povo de Deus, mas sim para poder tomar as esposas dos israelitas. Atualmente, muitos homens e mulheres agem da mesma forma. Vão à igreja, aperfeiçoam o vocabulário, param com seus maus hábitos, tudo para poderem casar-se, mas nunca se arrependem verdadeiramente de seus pecados. Devemos advertir nossos amigos e filhos deste perigo, para que não caiam na armadilha de um casamento com um não-cristão.

A ira dos irmãos de Diná

A Bíblia continua dizendo que mesmo após todos os homens terem sido circuncidados, os irmãos de Diná continuaram irados e insatisfeitos. Encontramos o desfecho da história em Gênesis 34:24-27:

> ²⁴E deram ouvidos a Hamor e a Siquém, seu filho, todos os que saíam da porta da cidade; e todo homem foi circuncidado, dos que saíam pela porta da sua cidade. ²⁵Ao terceiro dia, quando os homens sentiam mais forte a dor, dois filhos de Jacó, Simeão e Levi, irmãos de Diná, tomaram cada um a sua espada, entraram inesperadamente na cidade e mataram os homens todos. ²⁶Passaram também ao fio da espada a Hamor e a seu filho Siquém; tomaram a Diná da casa de Siquém e saíram. ²⁷Sobrevieram os filhos de Jacó aos mortos e saquearam a cidade, porque sua irmã fora violada.

A visita de Diná àquela cidade, não somente lhe custou sua virgindade, mas também a vida de muitas pessoas de Siquém. Ela foi desonrada como se fosse uma prostituta, e no final, o homem que a violentou foi morto. A história termina de forma cruel e sangrenta, mas se torna muito claro que os israelitas valorizam muito a castidade de suas mulheres.

No capítulo seguinte de Gênesis, lemos que Deus disse a para Jacó juntar sua família e levá-la a Betel para adorá-lo. Apesar do nome de Diná não ser mencionado, podemos pressupor que ela foi com sua família. Por meio dessa tragédia, eles aprenderam uma lição valiosa.

Lições que podemos aprender com a vida de Diná

O que podemos aprender deste fato? Primeiro, precisamos nos conscientizar de que não está errado sentir curiosidade sobre as coisas do mundo ao nosso redor. Deus nos deu mente para pensar, e deseja que a usemos. Porém, é incorreto nos colocarmos em perigo ou a outras pessoas só para satisfazer nossa curiosidade. Será que Diná pediu autorização ao seu pai para fazer tal visita? Ela pediu para um dos seus irmãos acompanhá-la? Não sabemos!

Mas, sabemos que se fizermos algo contra a Palavra de Deus, isso poderá nos causar problemas e possivelmente algum tipo de desastre. Em 1 João 2:15-17, encontramos uma advertência contra o amor às coisas do mundo. Aqui está esse mandamento:

> [15]Não ameis o mundo nem as coisas que há no mundo. Se alguém amar o mundo, o amor do Pai não está nele; [16]porque tudo que há no mundo, a concupiscência da carne, a concupiscência dos olhos e a soberba da vida, não procede do Pai, mas procede do mundo. [17]Ora, o mundo passa, bem como a sua concupiscência;

aquele, porém, que faz a vontade de Deus permanece eternamente.

Outra lição que aprendemos com Diná; que Deus é cheio de amor e misericórdia. Após a tragédia, Diná e sua família retornaram para Betel, onde antes Deus havia se encontrado com Jacó. Juntos, eles adoraram a Deus naquele lugar. O livro de 1 João 1:9 declara que: Se confessarmos os nossos pecados, *ele é fiel e justo para nos perdoar os pecados e nos purificar de toda injustiça.*

É necessário aprendermos como pedir a Deus para perdoar-nos, e aceitar a Sua oferta de perdão; para seguirmos em frente com nossas vidas. Não precisamos estar continuamente sendo derrotados pelos erros do passado.

Pensamentos finais

As mulheres, frequentemente, cometem grandes erros relacionados ao casamento. Cientes de que a pessoa com quem querem se casar não é um verdadeiro cristão, pensam que após o casamento tudo pode melhorar. Elas argumentam que "ele irá à igreja comigo depois que nos casarmos", ou "ele irá parar de beber tanto e de viver em festas depois que estivermos casados". Pensando assim, correm o risco de estar casando-se com um não-cristão ao invés de escolher obedecer à Palavra de Deus. Que tragédia trazem para suas vidas!

Talvez, você tenha agido com a mesma insensatez de Diná, e agora enfrenta uma situação problemática. Se assim for, lembre-se que Deus dá uma segunda chance. Você acha que sua situação não é passível de mudanças? O nosso Deus é o Deus do impossível! Ele pode mudar uma vida cercada de prejuízos, soprando paz, liberdade e uma nova esperança em seu interior. Volte-se a Deus hoje, pedindo-lhe para receber a purificação e a ajuda que você necessita. Reconheça seu pecado e peça perdão. Tendo Deus dado Seu único Filho para morrer por seu pecado, não dará Ele liberalmente a ajuda que você precisa? Com certeza, Ele o fará!

Tópicos para discussão
1. Quais os erros que Diná cometeu?
2. Quais as consequências de sua curiosidade?
3. Como os irmãos de Diná reagiram aos acontecimentos que a cercaram?
4. Qual a importância do retorno da família a Betel?
5. Qual é a esperança para aqueles que se envolvem em confusões geradas por eles mesmos?

Capítulo 10

Miriã
Julgada por ciúmes

QUAIS AS QUALIDADES QUE vêm à sua mente quando você pensa em um líder? Uma mulher cristã pode ocupar posição de liderança? Entre as respostas às perguntas das características que compõem um líder, podemos dizer: uma pessoa encarregada de cuidar das coisas em tempo de crise; motivar outros para que façam o melhor; é ágil em pensar; e decidir; ou alguém com visão.

As mulheres podem ser boas líderes? Na Bíblia, Deus nos dá vários exemplos de mulheres que ocuparam posições de liderança. Miriã foi uma delas.

A infância de Miriã
Miriã teve um irmão mais velho chamado Arão, e um irmão mais novo chamado Moisés. Moisés foi o homem escolhido

por Deus para conduzir a nação de Israel da escravidão no Egito à terra que Ele havia prometido. Miriã foi uma líder dinâmica e profetisa. Ela teve ciúmes de seu irmão Moisés e, lamentavelmente, sua vida demonstrou à nação de Israel como este sentimento causa sofrimento.

A Bíblia relata sobre a infância de Miriã. Sua mãe pediu para que ela cuidasse de seu irmão Moisés quando era um bebê. Ela o colocou em um cesto de junco no rio para protegê-lo de Faraó, o rei que havia ordenado que todos os bebês hebreus do sexo masculino fossem mortos. Sendo apenas uma menina, Miriã demonstrou as características de liderança em uma situação difícil. O livro de Êxodo 2:4-10 relata este fato:

> [4]A irmã do menino ficou de longe, para observar o que lhe haveria de suceder. [5]Desceu a filha de Faraó para se banhar no rio, e as suas donzelas passeavam pela beira do rio; vendo ela o cesto no carriçal, enviou a sua criada e o tomou. [6]Abrindo-o, viu a criança; e eis que o menino chorava. Teve compaixão dele e disse: Este é menino dos hebreus. [7]Então, disse sua irmã à filha de Faraó: Queres que eu vá chamar uma das hebreias que sirva de ama e te crie a criança? [8]Respondeu-lhe a filha de Faraó: Vai. Saiu, pois, a moça e chamou a mãe do menino. [9]Então, lhe disse a filha de Faraó: Leva este menino e cria-mo; pagar-te-ei o teu salário. A mulher tomou o menino e o criou. [10]Sendo o menino já grande, ela o trouxe à filha de Faraó, da qual passou ele a ser filho. Esta lhe chamou Moisés e disse: Porque das águas o tirei.

Miriã vinha de um lar temente a Deus. Imagine como sua mãe lhe havia explicado que Deus protegeria seu pequeno irmão. Sem dúvida, Miriã teve senso de responsabilidade em tenra idade. Ela sabia que sua família estava em perigo, pois estavam escondendo seu irmão de Faraó. Mesmo estando em uma situação difícil, Miriã atuou no momento certo, com calma, pensando rápido e falando com sabedoria. Ela nem sequer identificou sua mãe à princesa.

Nada mais se falou sobre Miriã por muitos anos até seu irmão Moisés liderar o povo israelita para fora do Egito. Sabemos que Miriã viveu no Egito como uma escrava, e sua vida deve ter sido muito dura, assim como a dos demais israelitas sob o domínio de Faraó.

Miriã: A profetisa

A próxima vez em que Miriã é citada está registrada no livro de Êxodo 15:20. Ela é identificada como a irmã de Arão e também como profetisa, uma posição de responsabilidade dada por Deus.

Após Moisés ter conduzido os filhos de Israel para fora do Egito, seu irmão Arão, foi designado como um sumo sacerdote, representando as pessoas perante Deus. Também dá a impressão de que Miriã participava da liderança. Suas responsabilidades incluíam a música. Hoje, ela poderia ser chamada de "líder de louvor". Depois que os israelitas atravessaram o Mar Vermelho por terra seca, e o exército egípcio se afogou, Miriã liderou as mulheres em uma canção de adoração a Deus, registrada no livro de Êxodo 15:20-21:

²⁰A profetisa Miriã, irmã de Arão, tomou um tamborim, e todas as mulheres saíram atrás dela com tamborins e com danças. ²¹E Miriã lhes respondia: Cantai ao SENHOR, porque gloriosamente triunfou e precipitou no mar o cavalo e o seu cavaleiro.

O talento de Miriã era o canto e ela o usou. Ela elevava o espírito do povo, muitas vezes, enquanto caminhavam pelo deserto, liderando-os em canções de louvor. É bom adquirirmos o hábito de usarmos nossos dons para lembrar uns aos outros da fidelidade de Deus para cada um de nós. O livro de Hebreus 10:24-25 ressalta:

²⁴Consideremo-nos também uns aos outros, para nos estimularmos ao amor e às boas obras. ²⁵Não deixemos de congregar-nos, como é costume de alguns; antes, façamos admoestações e tanto mais quanto vedes que o Dia se aproxima.

O ciúme de Miriã

Enquanto Moisés vivia em terra estrangeira, casou-se com uma mulher daquele país. Ela não era israelita e por essa razão Miriã e Arão se rebelaram contra Moisés. Eles desafiaram a posição de liderança que Deus tinha dado a ele. No livro de Números 12:2, os irmãos perguntaram: *E disseram: Porventura, tem falado o SENHOR somente por Moisés? Não tem falado também por nós? O SENHOR o ouviu.*

Não encontramos nenhuma referência de que Moisés se irritou e respondeu asperamente aos seus irmãos mais velhos. Na verdade, as Escrituras descrevem Moisés da seguinte maneira: *Era o varão Moisés mui manso, mais do que todos os homens que havia sobre a terra* (Números 12:3).

O julgamento de Miriã

É claro que Deus ouviu o que eles disseram. Em resposta ao desafio à autoridade de Moisés, o Senhor chamou Miriã, Arão e Moisés. Deus aproximou-se deles em uma nuvem. Devido ao ciúme de Miriã e sua má vontade em seguir o líder que o Eterno escolhera, Ele permitiu que Miriã fosse afetada com a doença mais temida daquela época — a lepra. Moisés rogou a Deus para que sua irmã fosse curada, apesar do que ela dissera contra ele. Deus respondeu aquela oração, mas não sem antes assegurar-se de que Miriã se conscientizara do quanto tinha sido rebelde. O livro de Números 12:15 relata o seguinte: *Assim, Miriã foi detida fora do arraial por sete dias; e o povo não partiu enquanto Miriã não foi recolhida.*

Deste relato vemos como Deus escutou e viu as queixas de Miriã e Arão. Deus os respondeu pessoalmente, fazendo-lhes entender claramente que não somente haviam errado, mas também pecado. Moisés era o líder escolhido por Deus.

Como deve ter sido humilhante para Miriã ter ficado isolada fora do acampamento por sete dias. Ela teve tempo para pensar, examinar seu coração e pedir perdão a Deus por seu ciúme e rebelião.

Após sete dias, quando ela já estava curada da lepra, as Escrituras não mencionam mais Miriã, nem o tempo de serviço prestado aos israelitas. Acredita-se que Miriã morreu logo após este incidente, antes dos israelitas entrarem na Terra Prometida.

Pensamentos finais

O maior exemplo de líder que Deus nos deu foi Seu Filho, o Senhor Jesus Cristo. Além de Ele ter sido um líder, também demonstrou o perfeito exemplo de como servir. Jesus disse em Mateus 20:27: *quem quiser ser o primeiro entre vós será vosso servo.*

O que isto significa para nós? Deus nos deu uma tarefa que devemos executar para Ele. Estamos fazendo com alegria como deveríamos? Estamos com inveja do trabalho de outra pessoa? Desejamos mais do que Deus tem nos dado? É importante aprender a contentar-se com os talentos que recebemos e usá--los para Deus, sem nos compararmos com outras pessoas e seus talentos, nem como estão servindo ao Senhor.

Tópicos para discussão

1. Quais as qualidades de liderança evidentes na vida de Miriã, enquanto era apenas uma criança?
2. Descreva a atitude de Miriã de acordo com o livro de Números 12:2.
3. Quais foram as características de liderança que Moisés mostrou quando foi criticado?
4. Qual a descrição de Jesus sobre um verdadeiro líder, em Mateus 20:25-28?
5. Mencione dois bons exemplos que Miriã e Moisés nos deixaram.

Capítulo 11

A filha de Faraó
Instrumento de Deus

NA MAIORIA DAS VEZES, pensamos que Deus usa somente grandes mulheres de fé como Maria, Sara ou Ester. Porém, a Bíblia nos ensina claramente que Deus pode escolher qualquer pessoa ou qualquer coisa e usá-las para que Seu plano perfeito seja cumprido. A filha de Faraó é um bom exemplo desta verdade.

Antecedentes da filha de faraó

Ela era uma mulher egípcia que não adorava o Deus verdadeiro. Como os outros egípcios, provavelmente adorava Rá, o deus do sol, e muitos outros ídolos. Seu pai governava o Egito e não tinha qualquer respeito ou amor ao Deus dos hebreus, de Abraão, Isaque e Jacó.

A filha de Faraó

A Bíblia não cita seu nome. Ela é simplesmente citada como a "filha de Faraó", possivelmente porque ela era a sua única filha.

A triste situação dos hebreus no Egito

Os israelitas, o povo escolhido por Deus, eram escravos no Egito e viviam subjugados pela crueldade daqueles senhores, no entanto, multiplicavam-se tão rapidamente que o Faraó sentiu-se ameaçado. Ele temia que os hebreus pudessem se tornar uma grande nação, e assim, poderiam tentar destituí-lo de seu governo ou talvez, aliar-se a um exército invasor e lutar contra os egípcios. Para prevenir tal acontecimento, ele criou uma lei ordenando a matança de todos os bebês meninos nascidos de mulheres israelitas.

Esta foi uma lei terrível, e trouxe muita tristeza. Porém, uma família demonstrou fé e confiança em Deus quando o seu bebê menino nasceu. Eles recusaram-se a permitir que o bebê fosse morto. A Bíblia diz que o esconderam durante três meses.

Como Deus usou a filha de Faraó

Êxodo 2:3-6 relata como o poderoso Deus usou a filha de Faraó para cumprir Seu propósito eterno:

> ³Não podendo, porém, escondê-lo por mais tempo, tomou um cesto de junco, calafetou-o com betume e piche e, pondo nele o menino, largou-o no carriçal à beira do rio. ⁴A irmã do menino ficou de longe, para observar o que lhe haveria de suceder. ⁵Desceu a filha de Faraó para se banhar no rio, e as suas donzelas passeavam pela beira do rio; vendo ela o cesto no

carriçal, enviou a sua criada e o tomou. ⁶Abrindo-o, viu a criança; e eis que o menino chorava. Teve compaixão dele e disse: Este é menino dos hebreus.

Uma lição que nós, os que cremos em Cristo, esquecemos facilmente, mas que precisamos desesperadamente recordar é o fato de Deus ser Soberano. Deveríamos viver com este pensamento em nossas mentes: Deus está no controle em todo o tempo. Ele tem um plano e um propósito para cada um de nós. Salmo 135:5-6 diz: *Com efeito, eu sei que o S*enhor *é grande e que o nosso Deus está acima de todos os deuses. Tudo quanto aprouve ao S*enhor*, ele o fez, nos céus e na terra, no mar e em todos os abismos.*

Ao ver as lágrimas do bebê Moisés, a filha do Faraó se compadeceu. Agindo assim, ela estava sendo usada por Deus, apesar de não saber disso. Seu carinho, amor e preocupação com o bebê contrastam profundamente com a crueldade de seu pai.

Esta princesa egípcia arriscou sua própria vida por um bebê hebreu a quem seu pai, o Faraó, havia sentenciado à morte. Ela demonstrou ter um caráter forte ao desafiar a ordem paterna. O capítulo 1 do livro de Romanos explica que as leis de Deus são evidentes para toda a humanidade, portanto, ela compreendia o quão cruel e injusto era assassinar um bebê inocente que ela encontrara no cesto.

A soberana providência de Deus

Quando a princesa decidiu salvar a vida do bebê, aceitou a oferta da irmã do menino em conseguir alguém que cuidasse dele. A princesa gostou da ideia, e a própria mãe de Moisés foi escolhida e paga para cuidar do seu filho para a filha do Faraó. Mais uma vez podemos ver o controle de Deus em todas as circunstâncias.

A Bíblia diz em Êxodo 2:10: *Sendo o menino já grande, ela o trouxe à filha de Faraó, da qual passou ele a ser filho. Esta lhe chamou Moisés e disse: Porque das águas o tirei.*

O Novo Testamento confirma que Deus usou a filha do Faraó para prover educação e treinamento a Moisés. Essa preparação demonstrou ser muito útil quando Moisés liderou os israelitas para fora do Egito. Os versículos em Atos 7:21-22 dizem: *quando foi exposto, a filha de Faraó o recolheu e criou como seu próprio filho. E Moisés foi educado em toda a ciência dos egípcios e era poderoso em palavras e obras.*

Moisés é adotado pela filha do Faraó

Estes versículos indicam que a filha do Faraó adotou Moisés e cuidou dele como se fosse seu próprio filho. Ela deu-lhe um nome e todo o conhecimento, educação e riqueza que estavam em seu alcance. Sem dúvida, ela também lhe deu muito carinho durante os anos em que ele cresceu sob seus cuidados.

Deve ter sido muito difícil para a princesa quando Moisés se negou a ser reconhecido como seu filho. Ele retornou para os israelitas e foi o instrumento humano que os redimiu da servidão.

A Bíblia não relata se a princesa alguma vez voltou a ver seu filho adotivo. Porém, nós podemos louvar ao Senhor por ela ter contribuído na preparação de Moisés para o serviço de Deus.

Deus preparou um Salvador para você

Do mesmo modo que Deus, em Sua soberania, controlou as circunstâncias para que Moisés redimisse os israelitas da escravidão egípcia, Ele deu Jesus Cristo como um Salvador para você. Jesus morreu na cruz por seus pecados, e se você confiar nele, Ele o perdoará e libertará da escravidão espiritual. Se você quer ter alegria, paz e também libertar-se da escravidão espiritual, reconheça que você é pecador, creia e receba o Senhor Jesus Cristo como seu Salvador.

Pensamentos finais

Talvez você já tenha confiado em Jesus, mas está vivendo sob circunstâncias difíceis, tal como os pais de Moisés. Talvez, como na história que acabamos de estudar, Deus tenha colocado em seu caminho uma pessoa que a tem ajudado, porém, não crê no verdadeiro Deus. Peça a Ele ajuda para ser bom testemunho para essa pessoa. É um consolo reconhecer que o nosso Pai Celestial está no controle de todas as coisas. No livro de 1 Crônicas 29:10-12, lemos claramente essa verdade: *Pelo que Davi louvou ao SENHOR perante a congregação toda e disse: Bendito és tu, SENHOR, Deus de Israel, nosso pai, de eternidade em eternidade. Teu, SENHOR, é o poder, a grandeza, a honra, a vitória e a majestade; porque teu é tudo quanto há nos céus e na terra; teu, SENHOR, é o reino, e tu te exaltaste por chefe sobre todos. Riquezas e glória vêm de ti, tu dominas sobre tudo, na tua mão há força e poder; contigo está o engrandecer e a tudo dar força.*

Tópicos para discussão

1. Quais eram as características da personalidade da filha do Faraó?
2. De que modo a vida da princesa mostrou diferença entre a lei de Deus e a lei dos homens?
3. Quais eram as qualidades da família de Moisés?
4. Mencione três formas em que Deus usou a filha do Faraó na vida de Moisés.
5. Descreva um momento específico em sua vida no qual você vivenciou a soberania de Deus.

Capítulo 12

Raabe
Meretriz transformada

Muitas mulheres viveram experiências e acontecimentos no passado que provocaram problemas em sua vida atual. Pode ter sido uma infância muito difícil, um marido que abandonou o lar, fracasso no trabalho ou a morte de um ente querido. Se essas mulheres que enfrentaram experiências dolorosas permitirem que a amargura e o rancor brotem em seus corações, tanto o crescimento como o desenvolvimento espiritual poderão ocorrer com mais lentidão ou cessarão por completo.

A Palavra de Deus relata a história de Raabe como ilustração de uma vida totalmente transformada. Após ela ter confiado no Deus de Israel, todo seu passado foi perdoado, e fisicamente destruído. Pela fé, Raabe partiu para uma vida vitoriosa.

Raabe faz sua escolha

A história de Raabe está descrita no livro de Josué 2. Antes de conquistar a terra que Deus prometera ao Seu povo, Josué enviou dois espiões para explorarem a cidade de Jericó. Estes homens encontraram abrigo em uma casa nas muralhas da cidade onde a prostituta Raabe vivia. A Bíblia não nos diz o porquê dos espiões terem ido à sua casa, mas relata que ela os protegeu, escondendo-os no terraço.

Entre o tempo que os espiões chegaram à casa de Raabe e o tempo que o rei de Jericó ouviu sobre a presença deles na cidade, Raabe deve ter feito sua confissão de fé no verdadeiro Deus na presença destes espiões. Ela sabia perfeitamente o que havia acontecido ao povo de Deus depois que saíram do Egito. Ela confiou no Deus de Israel e provou sua fé arriscando sua vida para ajudar os espiões que eram inimigos de Jericó.

Raabe demonstra a fé através de suas obras

Apesar de os emissários estarem em território inimigo, eles compartilharam sua fé com Raabe. Deus honrou a coragem deles e usou Raabe para ajudá-los de duas formas:

- Ela salvou a vida dos espiões.
- Ela os encorajou em sua fé contando-lhes sobre o que sabia sobre a reputação do povo de Deus.

Josué 2:9,24, descreve como essa notícia se espalhou e encorajou o próprio Josué:

> [9]e lhes disse: Bem sei que o SENHOR vos deu esta terra, e que o pavor que infundis caiu sobre nós, e que todos os moradores da terra estão desmaiados. [...] [24]e

disseram a Josué: Certamente, o SENHOR nos deu toda esta terra nas nossas mãos, e todos os seus moradores estão desmaiados diante de nós.

Raabe foi salva por sua fé no verdadeiro Deus; no entanto, ela demonstrou sua fé ao salvar a vida dos espiões. O Novo Testamento menciona a fé desta mulher em Tiago 2:25-26: *De igual modo, não foi também justificada por obras a meretriz Raabe, quando acolheu os emissários e os fez partir por outro caminho? Porque, assim como o corpo sem espírito é morto, assim também a fé sem obras é morta.*

No livro de Hebreus 11 encontramos os heróis da fé e o testemunho de Raabe no versículo 31: *Pela fé, Raabe, a meretriz, não foi destruída com os desobedientes, porque acolheu com paz aos espias.*

A recompensa imediata de Raabe

Em troca por sua ajuda aos espiões, Raabe pediu para que não a matassem nem a sua família. Os emissários prometeram atendê-la. Raabe os auxiliou para que escapassem dos muros da cidade, ajudando-os a descer com uma corda pela janela, os espiões a aconselharam a amarrar uma corda vermelha em sua janela e prometeram que quem estivesse em sua casa seria protegido. Josué 6:21-25 descreve o que aconteceu quando ocorreu a batalha em Jericó:

²¹Tudo quanto na cidade havia destruíram totalmente
a fio de espada, tanto homens como mulheres,
tanto meninos como velhos, também bois, ovelhas e

jumentos. ²²Então, disse Josué aos dois homens que espiaram a terra: Entrai na casa da mulher prostituta e tirai-a de lá com tudo quanto tiver, como lhe jurastes. ²³Então, entraram os jovens, os espias, e tiraram Raabe, e seu pai, e sua mãe, e seus irmãos, e tudo quanto tinha; tiraram também toda a sua parentela e os acamparam fora do arraial de Israel. ²⁴Porém a cidade e tudo quanto havia nela, queimaram-no; tão-somente a prata, o ouro e os utensílios de bronze e de ferro deram para o tesouro da Casa do SENHOR. ²⁵Mas Josué conservou com vida a prostituta Raabe, e a casa de seu pai, e tudo quanto tinha; e habitou no meio de Israel até ao dia de hoje, porquanto escondera os mensageiros que Josué enviara a espiar Jericó.

Pensamentos finais

A fé desta mulher e a sua vida completamente mudada deveriam fazer-nos pensar em nossas próprias vidas. Sua fé deve ter sido tão verdadeira que toda sua família acreditou em sua história. Todos os seus parentes estavam com ela quando as muralhas de Jericó ruíram. Raabe perdeu todos seus amigos e tornou-se uma estrangeira no acampamento israelita, mas Deus honrou sua fé. Fisicamente, a vida de Raabe foi poupada. Espiritualmente, suas obras provaram sua fé, e Deus a declarou justificada, conforme lemos em Tiago 2:25. Apesar disso, o nome de Raabe está incluído na lista genealógica de Jesus Cristo (Mateus 1:5).

A vida de Raabe é um lembrete da continua graça de Deus. Deus não espera até que sejamos perfeitas para nos usar. Ele nos aceita tal como somos, sem se importar com o nosso passado. Quando declaramos a nossa fé, Deus executa o Seu plano.

Tópicos para discussão

1. Enumere três modos específicos em que Deus usou a vida de Raabe.
2. Que virtudes da vida de Raabe você desejaria ter em sua vida?
3. Como a vida de Raabe e suas circunstâncias foram alteradas?
4. De que maneira Deus mudou a sua vida desde que você aceitou Jesus Cristo como seu Salvador?
5. Como você demonstra em sua vida o poder do perdão de Deus?

Capítulo 13

Acsa
Uma noiva sábia

O NOME ACSA PODE SER desconhecido para muitas pessoas, porém, ela possuía muitas qualidades importantes da mulher virtuosa de Provérbios 31, que era louvada por suas habilidades nos negócios e sua dedicação à família. Acsa era filha de Calebe, e seu marido Otoniel, tornou-se um dos juízes de Israel (Juízes 3:8-11).

Antecedentes

Pouco tempo antes dos israelitas entrarem na terra que Deus lhes havia prometido, o líder deles, Moisés, enviou 12 espiões para que verificassem a terra. Calebe foi um dos espias. Ao retornarem, disseram que a terra manava leite e mel, e trouxeram com eles alguns frutos para que fossem provados. Porém, dez deles informaram que os habitantes daquela terra eram muito poderosos para serem enfrentados. Apesar disso, Calebe e seu amigo Josué, foram corajosos o suficiente, pois tinham fé na promessa de Deus, e encorajaram os israelitas a conquistar a terra que Deus lhes prometera.

Aqueles que não acreditaram na promessa de Deus, morreram no deserto entre o Egito e a Terra Prometida. Por meio de sua fé em Deus, Calebe e Josué, sobreviveram e tomaram posse da terra prometida por Deus (Números 26:65). Mais tarde, quando a terra foi dividida entre os povos, Calebe tornou-se o príncipe da tribo de Judá (Números 34:18-19). Hebrom foi-lhe dado como herança (Josué 14:13).

Calebe é o pai da mulher que estamos estudando neste capítulo. Ele era um homem com fé inabalável no Deus de Israel. Sem dúvida, frequentemente, Acsa ouviu várias coisas sobre os milagres que Deus fizera para o Seu povo quando deixaram o Egito e, como Ele os sustentou e os protegeu no deserto.

A importância da história de Acsa

A história de Acsa é muito curta, porém, importante o suficiente para Deus tê-la incluído em dois dos livros do Antigo Testamento: Josué e Juízes. A história de Acsa começa quando ela estava na idade para se casar, conforme está escrito em Josué 15:16-19 e Juízes 1:12-15:

> ¹⁶Disse Calebe: A quem derrotar Quiriate-Sefer e a tomar, darei minha filha Acsa por mulher. ¹⁷Tomou-a, pois, Otniel, filho de Quenaz, irmão de Calebe; este lhe deu a filha Acsa por mulher. ¹⁸Esta, quando se foi a Otniel, insistiu com ele para que pedisse um campo ao pai dela; e

ela apeou do jumento; então, Calebe lhe perguntou: Que desejas? [19]Respondeu ela: Dá-me um presente; deste-me terra seca, dá-me também fontes de água. Então, lhe deu as fontes superiores e as fontes inferiores.

Por Calebe ser um homem de Deus, é improvável acreditar que ele deu deliberadamente à sua filha uma terra pobre. Talvez, ele não tenha examinado a terra pessoalmente e tenha aceitado o relato de seu servo sobre a condição daquele lugar. Em todo caso, *a terra do sul* (possivelmente conhecida atualmente como Neguebe) era árida e estéril. A terra sem provisão de água suficiente era considerada praticamente sem uso. Acsa pediu somente água, pois sem isso, a terra que ela recebera teria pouca utilidade.

Uma mulher prudente e sábia

Nessa breve história, encontramos uma noiva que não se conformava com uma vida de miséria. Como mulher interessada pelo bem-estar de sua família, ela convenceu seu marido da necessidade de algo mais que um pedaço de terra seca no deserto dado por seu pai.

Apesar de Acsa ter tido discernimento para lidar com a situação, ela não assumiu esta responsabilidade sozinha. Ela respeitou seu marido e pediu-lhe que fosse falar com seu pai sobre o assunto. Por alguma razão desconhecida, ele estava relutante em pedir. Acsa, como uma filha amada prestes a deixar sua casa, tomou a liberdade em solicitar a seu pai o que desejava.

Calebe reconheceu que o pedido de sua filha era justo, e atendeu-a, concedendo o que pedira e um pouco mais. Ela pediu por fontes de água, o que naturalmente incluía os campos onde as fontes se localizavam. Seu pai, não somente lhe deu as fontes em locais altos, mas as que estavam em locais baixos também.

Bênçãos espirituais

As fontes superiores e inferiores de água que Calebe deu a sua filha são usadas como exemplos das ricas bênçãos de Deus sobre nós. Nosso Pai celestial nos promete conceder os desejos de nossos corações. No entanto, Ele vai além e nos dá muito mais do que podemos imaginar. *Ora, àquele que é poderoso para fazer infinitamente mais do que tudo quanto pedimos ou pensamos, conforme o seu poder que opera em nós* (Efésios 3:20).

A provisão de Deus é inesgotável, e Ele tem prazer em tornar Seus filhos felizes. E como Seus filhos, precisamos aprender que podemos nos achegar a Ele corajosamente em oração, apresentando-lhe nossas necessidades e desejos. A Bíblia nos apresenta alguns versículos para nos lembrar da generosa provisão de Deus para nossas necessidades, quer sejam espirituais ou materiais:

- *Bendito o Deus e Pai de nosso Senhor Jesus Cristo, que nos tem abençoado com toda sorte de bênção espiritual nas regiões celestiais em Cristo* (Efésios 1:3).
- *Porque o Senhor Deus é sol e escudo; o Senhor dá graça e glória; nenhum bem sonega aos que andam retamente* (Salmo 84:11).
- *Toda boa dádiva e todo dom perfeito são lá do alto, descendo do Pai das luzes, em quem não pode existir variação ou sombra de mudança* (Tiago 1:17).

Pensamentos finais

Talvez você esteja preocupada por alguma necessidade em sua família. Acredito que a história de Acsa está incluída na Bíblia para nos lembrar como é forte o amor de um pai. Calebe deu à sua filha o que ela pedira — e mais. Do mesmo modo, nosso Pai celestial se preocupa conosco. Ele não se agrada com o sofrimento em nossas vidas, antes deseja nos dar coisas boas.

Porém, a Bíblia estabelece condições para que possamos receber as bênçãos de Deus:

- O Salmo 66:18 nos adverte: *Se eu no coração contemplara a vaidade, o Senhor não me teria ouvido.*
- Tiago 4:2-3 explica que não recebemos o que pedimos porque não pedimos a Deus. Ou, quando pedimos, não recebemos porque pedimos por motivos equivocados, desejando usar a bênção divina para satisfazer nossa necessidade pessoal ao invés de a usarmos para glória de Deus.
- Em cada um dos Evangelhos, lemos a história sobre o Senhor Jesus quando orou no jardim do Getsêmani. Ao orar ao Seu Pai, Ele disse: ...*Todavia, não seja como eu quero, e sim como tu queres.*

Se confessarmos nossos pecados e orarmos com nossos corações limpos e motivos justos, pedindo sempre para que a vontade de Deus seja feita, Ele ouvirá nossas orações e responderá da melhor maneira para nós.

Faça uma lista de todas as coisas que Deus fez por você na semana, mês ou ano anterior. Não esqueça de incluir as respostas de orações. Se você é casada, revise esta lista com seu marido e depois, orem juntos agradecendo ao Senhor por tudo o que Ele tem feito. Você pode se surpreender ao ver o quanto o Senhor já fez em sua vida!

Tópicos para discussão

1. Descreva a casa de Acsa antes e depois de seu casamento.
2. Quais as qualidades listadas em Provérbios 31 que você pode ver na vida de Acsa?
3. Como ela demonstrou sua sabedoria prática?
4. De que maneiras Calebe e nosso Pai Celestial são semelhantes?
5. Dê duas razões pelas quais você acha que a história de Acsa foi incluída na Bíblia.

Capítulo 14

Débora
Líder abençoada por Deus

Débora foi uma mulher que se tornou juíza em Israel. Ela tornou-se conhecida por todo Israel por sua sabedoria e por ser conselheira espiritual. Porém, Débora chegou a ser muito mais que uma conselheira que liderou os israelitas em uma batalha vitoriosa contra seus inimigos.

O tempo dos juízes

Débora viveu durante uma época muito difícil na história de Israel — depois da morte de Josué e antes que a nação tivesse seu primeiro rei — Deus escolheu Josué, depois da morte de Moisés, para liderar os israelitas à Terra Prometida. Porém, eles desenvolveram um triste padrão de conduta: rebelião contra Deus, derrota nas mãos de seus inimigos, e, clamor de arrependimento a Deus. Como respostas aos seus clamores, Deus levantaria um juiz para libertá-los e dar-lhes vitória sobre seus inimigos. Após um período de paz e prosperidade, o ciclo se repetiu: rebelião, derrota, arrependimento, libertação e paz.

É importante entendermos o que a Bíblia diz a respeito dos juízes para que possamos apreciar bem as lições que podemos aprender de Débora. Juízes 2:16,18 explica:

> ¹⁶Suscitou o SENHOR juízes, que os livraram da mão dos que os pilharam. [...] ¹⁸Quando o SENHOR lhes suscitava juízes, o SENHOR era com o juiz e os livrava da mão dos seus inimigos, todos os dias daquele juiz; porquanto o SENHOR se compadecia deles ante os seus gemidos, por causa dos que os apertavam e oprimiam.

Débora foi a quinta juíza dos israelitas. As pessoas sabiam que Débora havia sido designada e abençoada por Deus. Ela tinha muita fé em Deus e acreditava que Ele resgataria o Seu povo se o honrassem.

Débora, a juíza

A história de Débora se encontra nos capítulos 4 e 5 no livro de Juízes. Novamente, o povo de Israel havia se rebelado contra o Senhor. Por causa da rebelião, eles viveram 20 anos de opressão sob o governo inimigo.

A Palavra de Deus nos dá pouca informação a respeito de Débora. O livro de Juízes 4:4 nos revela a única informação pessoal que temos sobre ela, dizendo que era casada com Lapidote, era profetisa e *liderava Israel naquela época*.

Ao ler Juízes 4:5-9,13,16, tenha em mente que Débora era juíza, esposa e profetisa, que revelava aos homens a vontade de Deus.

⁵Ela atendia debaixo da palmeira de Débora, entre Ramá e Betel, na região montanhosa de Efraim; e os filhos de Israel subiam a ela a juízo. ⁶Mandou ela chamar a Baraque, filho de Abinoão, de Quedes de Naftali, e disse-lhe: Porventura, o Senhor, Deus de Israel, não deu ordem, dizendo: Vai, e leva gente ao monte Tabor, e toma contigo dez mil homens dos filhos de Naftali e dos filhos de Zebulom? ⁷E farei ir a ti para o ribeiro Quisom a Sísera, comandante do exército de Jabim, com os seus carros e as suas tropas; e o darei nas tuas mãos. ⁸Então, lhe disse Baraque: Se fores comigo, irei; porém, se não fores comigo, não irei. ⁹Ela respondeu: Certamente, irei contigo, porém não será tua a honra da investida que empreendes; pois às mãos de uma mulher o Senhor entregará a Sísera. E saiu Débora e se foi com Baraque para Quedes. [...] ¹³Sísera convocou todos os seus carros, novecentos carros de ferro, e todo o povo que estava com ele, de Harosete-Hagoim para o ribeiro Quisom. [...] ¹⁶Mas Baraque perseguiu os carros e os exércitos até Harosete-Hagoim; e todo o exército de Sísera caiu a fio de espada, sem escapar nem sequer um.

A história é concluída com o assassinato de Sísera nas mãos de uma mulher chamada Jael. Deus deu ao Seu povo uma grande vitória. Tudo o que Débora havia profetizado fora cumprido. Por causa disso, sabemos que ela foi uma verdadeira profetisa de Deus. Uma prova de que o profeta ou profetisa era escolhido de Deus, era quando se cumpriam as palavras que profetizavam.

Requisitos de um profeta de Deus

Hoje em dia existem muitas pessoas que dizem ser profetas de Deus. A Palavra de Deus nos dá orientações para que possamos reconhecer quem é um verdadeiro profeta e quem não é. Em Deuteronômio, Deus deu muitas leis para Seu povo que deveriam seguir ao entrarem na Terra Prometida. Deuteronômio 18:21-22 diz o seguinte sobre profetas:

> [21]Se disseres no teu coração: Como conhecerei a palavra que o SENHOR não falou? [22]Sabe que, quando esse profeta falar em nome do SENHOR, e a palavra dele se não cumprir, nem suceder, como profetizou, esta é palavra que o SENHOR não disse; com soberba, a falou o tal profeta; não tenhas temor dele.

O livro de Deuteronômio 13:1-3 nos dá outras diretrizes: mesmo que as previsões do profeta *venham a acontecer*, mas, se este tenta liderar o povo para longe das Escrituras, não é um verdadeiro profeta:

> [1]Se aparecer entre vocês um profeta ou alguém que faz predições por meio de sonhos e lhes anunciar um sinal miraculoso ou um prodígio, [2]e se o sinal ou prodígio de

que ele falou acontecer, e ele disser: 'Vamos seguir outros deuses que vocês não conhecem e vamos adorá-los', ³não deem ouvidos às palavras daquele profeta ou sonhador. O Senhor, o seu Deus, está pondo vocês à prova para ver se o amam de todo coração e de toda alma.

Qualquer um que disser ser um profeta de Deus deve prová-lo através de suas profecias cumpridas. Mesmo assim, o restante de seus ensinamentos devem ser examinados. Se suas profecias não se cumprirem ou se ele tentar conduzir o povo contra Deus, Ele nos adverte que tal pessoa é um falso profeta.

A reação de Débora à vitória

Débora reagiu à vitória que Deus lhe dera cantando um bonito dueto com Baraque. Em Juízes 5, lemos que eles deram toda adoração ao Senhor por ter salvado Israel. Mesmo após a vitória, Débora permaneceu fiel a Deus, ela não se vangloriou com a vitória, mas sim, continuou a guiar os filhos de Israel de acordo com as leis do Senhor. Juízes 5:32 relata: *E a terra ficou em paz quarenta anos.*

Débora aceitou a incumbência que Deus lhe dera e seu dom de liderança. Ela foi uma juíza escolhida por Deus e, após a tremenda vitória, continuou cumprindo suas responsabilidades.

Algumas vezes, Deus permite que usemos nossos dons para realizar uma tarefa para Ele. Podemos nos orgulhar de nossas habilidades ou pensar: *já fiz minha parte, agora vou deixar um pouco para outras pessoas trabalharem.* Nenhuma dessas atitudes está correta, porque devemos continuar usando os dons que Deus nos concedeu.

Pensamentos finais

Débora sabia que Deus seria aquele que daria a vitória, assim, ela confiou nele para fazê-lo. Desta forma, ela podia declarar a vitória com confiança. Do mesmo modo, devemos ler as promessas de Deus em Sua Palavra e então proclamar vitória sobre o inimigo de nossas vidas.

A batalha de Débora era contra inimigos humanos. Atualmente, os cristãos enfrentam uma batalha espiritual contra o orgulho, pensamentos luxuriosos e outros pecados. Existe alguma área na sua vida espiritual em que você precisa clamar por vitória, assim como fizeram Débora e Baraque contra os inimigos de Israel? A Palavra de Deus ensina como podemos ter vitória sobre o pecado. Devemos reivindicar as promessas de Deus. Como fazemos isso?

- CONHECER as promessas de Deus. Devemos ler ou ouvir a Palavra de Deus regularmente. Se não conhecemos as promessas de Deus, como podemos clamá-las?
- ACREDITAR que Deus fará o que prometeu.
- AGRADECER a Deus por Suas promessas ao falarmos com Ele em oração.

O livro de 1 Coríntios 15:57 declara: *Graças a Deus, que nos dá a vitória por intermédio de nosso Senhor Jesus Cristo.* Deus promete vitória para que possamos depender dele e agradecê-lo antecipadamente.

Deus é a solução para os problemas em nossas vidas. Devemos acreditar nas palavras do Salmo 18:2-3 que nos fala acerca da segurança e dependência em Deus, nosso libertador: *O SENHOR é a minha rocha, a minha cidadela, o meu libertador; o meu Deus, o meu rochedo em que me refugio; o meu escudo, a força da minha salvação, o meu baluarte. Invoco ao* SENHOR, *digno de ser louvado, e serei salvo dos meus inimigos.*

Tópicos para discussão
1. Enumere três qualidades encontradas na vida de Débora.
2. Quantas predições de Débora se concretizaram? Que importância teve?
3. Descreva o plano de batalha.
4. A quem foi atribuída a vitória?
5. Em sua vida, como você pode clamar por vitória em sua batalha espiritual?

Capítulo 15

Dalila
Ela traiu por dinheiro

DALILA APARECE BREVEMENTE nas Escrituras. A Bíblia não registra nada a respeito de seus pais, e muito pouco sobre seus antecedentes. Sabemos que ela vinha do vale de Soreque, que se estende a oeste de Jerusalém, no país dos filisteus.

É impossível estudar a vida de Dalila sem mencionar seu envolvimento com Sansão, um homem de Deus que se apaixonou por ela. Dalila aceitou o dinheiro que os filisteus lhe ofereceram para traí-lo. Os dois tinham caráter completamente diferente.

Sansão
Sansão era filho de pais israelitas, piedosos. Desde seu nascimento, Deus abençoou Sansão com uma força descomunal porque tanto ele como seus pais mantiveram seus votos a

Deus. Este voto está registrado no livro de Números 6:2-12, o qual inclui nunca cortar seu cabelo. Sansão se tornou um juiz em Israel durante o tempo que os filisteus foram seus inimigos. Sansão julgou Israel durante 20 anos.

Sansão foi um homem abençoado por Deus com grande força física, porém, moralmente, ele era fraco. Ele venceu batalhas militares e lutou com um leão, e venceu. Mas, não podia controlar seus próprios desejos ou resistir aos encantos de uma mulher.

Dalila: seu caráter

Dalila foi uma mulher enganadora que se aproveitou de sua beleza. Em seu relacionamento com Sansão, ela usou seu charme, suas capacidades mentais, sua atitude dominante e sua ambição por um único propósito — dinheiro.

Dalila recebeu uma oferta de 1.100 peças de prata de cada um dos líderes filisteus para descobrir o segredo da força de Sansão. Esta foi uma enorme tentação. Talvez você que se lembre de que Judas Iscariotes recebeu apenas 30 peças de prata para trair o único Filho de Deus, Jesus Cristo. Que contraste: o Filho de Deus, de infinito valor, foi traído por muito pouco, ao passo que Sansão foi traído por muito mais.

Sabemos que Deus não teria incluído esta história em sua Palavra se dela não pudéssemos aprender várias lições ou princípios valiosos. O livro de Juízes 16:4-5 destaca o seguinte sobre Sansão:

> [4]Depois disto, aconteceu que se afeiçoou a uma mulher do vale de Soreque, a qual se chamava Dalila. [5]Então, os príncipes dos filisteus subiram a ela e lhe disseram:

Persuade-o e vê em que consiste a sua grande força e com que poderíamos dominá-lo e amarrá-lo, para assim o subjugarmos; e te daremos cada um mil e cem siclos de prata.

Lembre-se de que Sansão nesse momento era um líder de Israel, e os filisteus eram seus inimigos. Nas lições anteriores, aprendemos que Deus ordenou aos homens israelitas a não se casarem com mulheres de países vizinhos. Sansão, porém, gostava muito das mulheres filisteias. Os filisteus sabiam que a única forma de derrotá-lo seria através de sua fraqueza. Dessa forma, eles concordaram em pagar Dalila para descobrir o segredo da força de Sansão. Dalila usou todo seu charme para atrair o amor de Sansão.

Dalila: sua persistência

A Bíblia revela que antes de Dalila descobrir a verdade sobre a força de Sansão, teve suas intenções fracassadas por três vezes porque Sansão contou-lhe mentiras. Mas, ela foi persistente e implorou para que ele lhe contasse o seu segredo. O livro de Juízes 16:15-20 relata o que aconteceu depois da quarta vez que ela o indagou:

> [15]Então, ela lhe disse: Como dizes que me amas, se não está comigo o teu coração? Já três vezes zombaste de mim e ainda não me declaraste em que consiste a tua grande força. [16]Importunando-o ela todos os dias com as suas palavras e molestando-o, apoderou-se da alma dele uma impaciência de matar. [17]Descobriu-lhe

todo o coração e lhe disse: Nunca subiu navalha à minha cabeça, porque sou nazireu de Deus, desde o ventre de minha mãe; se vier a ser rapado, ir-se-á de mim a minha força, e me enfraquecerei e serei como qualquer outro homem. [18]Vendo, pois, Dalila que já ele lhe descobrira todo o coração, mandou chamar os príncipes dos filisteus, dizendo: Subi mais esta vez, porque, agora, me descobriu ele todo o coração. Então, os príncipes dos filisteus subiram a ter com ela e trouxeram com eles o dinheiro. [19]Então, Dalila fez dormir Sansão nos joelhos dela e, tendo chamado um homem, mandou rapar-lhe as sete tranças da cabeça; passou ela a subjugá-lo; e retirou-se dele a sua força. [20]E disse ela: Os filisteus vêm sobre ti, Sansão! Tendo ele despertado do seu sono, disse consigo mesmo: Sairei ainda esta vez como dantes e me livrarei; porque ele não sabia ainda que já o SENHOR se tinha retirado dele.

Dalila nunca mais foi citada na Bíblia. Podemos concluir que após receber o dinheiro, desapareceu.

Uma advertência

O que podemos aprender com esta trágica história? Dalila se destaca como uma eterna advertência aos homens para que se cuidem do perigo de uma encantadora, mas, malvada e intrigante mulher. No livro de Provérbios, seu autor, o rei Salomão, nos dá muitas advertências com relação aos métodos usados por esse tipo de mulher. Por exemplo, leia Provérbios 7:4-5, 21-23, 25-27:

⁴Dize à Sabedoria: Tu és minha irmã; e ao Entendimento chama teu parente; ⁵para te guardarem da mulher alheia, da estranha que lisonjeia com palavras. [...] ²¹Seduziu-o com as suas muitas palavras, com as lisonjas dos seus lábios o arrastou. ²²E ele num instante a segue, como o boi que vai ao matadouro; como o cervo que corre para a rede, ²³até que a flecha lhe atravesse o coração; como a ave que se apressa para o laço, sem saber que isto lhe custará a vida. [...] ²⁵não se desvie o teu coração para os caminhos dela, e não andes perdido nas suas veredas; ²⁶porque a muitos feriu e derribou; e são muitos os que por ela foram mortos. ²⁷A sua casa é caminho para a sepultura e desce para as câmaras da morte. Muitas foram as suas vítimas; os que matou são uma grande multidão. A casa dela é um caminho que desce para a sepultura, para as moradas da morte.

Essas palavras de Deus são muito poderosas. As mulheres ocupam uma posição única ao orientar as crianças, sejam como mães, tias, avós ou professoras. Os homens jovens precisam saber como evitar cair em uma armadilha como Sansão caiu. As mulheres jovens, também precisam ser instruídas para que usem sua beleza e encanto como Deus deseja, ao invés de tentar os homens.

Lembre-se, com Deus não se brinca. Sansão não cumpriu o princípio de não se casar com uma mulher das nações pagãs vizinhas. Esse mesmo princípio se repete no Novo Testamento em 2 Coríntios 6:14: *Não vos ponhais em jugo desigual com os incrédulos; porquanto que sociedade pode haver entre a justiça e a iniquidade? Ou que comunhão, da luz com as trevas?*

Sansão, a princípio temente a Deus, se uniu com uma incrédula. Se Sansão tivesse se casado com uma israelita, como seus pais desejavam, a tragédia de Dalila nunca teria acontecido. No entanto, por meio de seu casamento, se uniu a uma nação ímpia e pagou pelo pecado com sua vida.

Pensamentos finais

A história de Dalila nos lembra que mesmo as pessoas escolhidas por Deus podem ser enganadas. Precisamos renovar continuamente nosso compromisso com Deus. Talvez a parte mais triste da história seja que Sansão não percebeu que Deus o havia abandonado. Considere sua própria situação. Você tem se rendido totalmente a Jesus Cristo? Você está consciente da presença dele em sua vida? Se não, receba-o como seu Salvador, e entregue sua vida a Deus para que Ele possa usá-la para a glória dele.

Tópicos para discussão

1. Enumere duas forças e fraquezas do caráter de Sansão, respectivamente.
2. Enumere duas forças e fraquezas do caráter de Dalila, respectivamente.
3. O que a Bíblia diz a respeito da mulher enganosa?
4. Qual o princípio da Palavra de Deus que Sansão violou?
5. O que você pode fazer na sua própria família para prevenir um casamento com uma pessoa incrédula?

Capítulo 16

Noemi
A sogra sábia

Noemi foi uma mulher israelita que viveu mais de mil anos antes do nascimento de Cristo. Sua história, junto à de sua nora moabita, Rute, está registrada no livro de Rute. Este livro no Antigo Testamento nos dá muita informação a respeito da cultura e do estilo de vida das pessoas daquele tempo.

Noemi: sua vida e família

Noemi vivia com seu marido na pequena cidade de Belém em Judá, uma província da nação de Israel. Nessa época, Israel era governada por juízes escolhidos por Deus para liderar os israelitas. Ocorreu uma grande escassez de alimentos em Judá, e por essa razão, o marido de Noemi levou-a com seus dois filhos à terra de Moabe, um país vizinho, onde as pessoas que lá viviam, não adoravam ao Deus verdadeiro.

Noemi

A vida de Noemi não foi fácil em Moabe. Ela teve que abandonar sua terra natal e viver em um país estrangeiro. Era uma mulher que amava sinceramente a Deus e seu povo; respeitava as leis e tradições. Mas, agora, ela estava longe de tudo isso. Se você já teve que se mudar e adaptar-se a um novo lugar, pode identificar-se com a experiência que Noemi teve. Se isso não tivesse sido desafio suficiente, seu marido e filhos morreram. Lemos a história em Rute 1:3-5:

> ³Morreu Elimeleque, marido de Noemi; e ficou ela com seus dois filhos, ⁴os quais casaram com mulheres moabitas; era o nome de uma Orfa, e o nome da outra, Rute; e ficaram ali quase dez anos. ⁵Morreram também ambos, Malom e Quiliom, ficando, assim, a mulher desamparada de seus dois filhos e de seu marido.

A vida de Noemi foi cheia de dor. Ela não somente teve que prover seu próprio sustento, mas tinha as duas noras que também ficaram viúvas. Talvez elas se consolassem mutuamente, mas Orfa e Rute eram moabitas, e não compartilhavam da mesma fé de Noemi em Deus.

Noemi retorna a Belém

Após a morte de seus filhos, Noemi ouviu que a grande escassez de comida em Judá tinha terminado. Por não existirem mais motivos para permanecer em Moabe, ela decidiu retornar a Belém. Suas duas noras a acompanharam. No caminho, Noemi parou e implorou para que retornassem aos seus lares.

É evidente que essas mulheres eram muito mais apegadas à sogra do que ao seu próprio povo. Creio que isso demonstra que Noemi era uma mulher piedosa e boa sogra. Suas noras estavam dispostas a abandonar seu país e irem para a terra de Noemi, que testemunhava claramente para ambas, sobre o Deus que servia.

Segundo a lei, um homem poderia casar-se com a viúva de seu irmão se essa não tivesse filhos. Desse modo, a viúva poderia prover um herdeiro para a família. Noemi sabia que estava em idade avançada para gerar mais filhos, para prover esposos para suas noras. Esta sogra não tinha meios de providenciar maridos ou famílias para elas. Se elas ficassem em Moabe, talvez pudessem casar-se e ter filhos. Mesmo amando-as, ela instou para retornassem aos seus lares porque lhe era impossível prover suas necessidades.

Vemos a sabedoria de Noemi quando ela insistiu para que Orfa e Rute ficassem em Moabe, pois sabia muito bem o que significava ser estrangeira em uma terra desconhecida. Ela tivera essa mesma experiência quando se mudou para Moabe. Sabia também que se suas noras lá permanecessem, ela ficaria sozinha. Mas, o seu amor para com elas era maior que suas próprias necessidades, e ela desejava o melhor para ambas. Deve ter sido uma situação bem triste nesse dia no caminho para Belém, como está relatado em Rute 1:8,14,16-18:

> ⁸...disse-lhes Noemi: Ide, voltai cada uma à casa de sua mãe; e o SENHOR use convosco de benevolência, como vós usastes com os que morreram e comigo.
> [...] ¹⁴Então, de novo, choraram em voz alta; Orfa,

com um beijo, se despediu de sua sogra, porém Rute se apegou a ela. [...] ¹⁶Disse, porém, Rute: Não me instes para que te deixe e me obrigue a não seguir-te; porque, aonde quer que fores, irei eu e, onde quer que pousares, ali pousarei eu; o teu povo é o meu povo, o teu Deus é o meu Deus. ¹⁷Onde quer que morreres, morrerei eu e aí serei sepultada; faça-me o Senhor o que bem lhe aprouver, se outra coisa que não seja a morte me separar de ti. [...] ¹⁸Vendo, pois, Noemi que de todo estava resolvida a acompanhá-la, deixou de insistir com ela.

Rute 1:19-21 descreve os acontecimentos de seu retorno:

¹⁹Então, ambas se foram, até que chegaram a Belém; sucedeu que, ao chegarem ali, toda a cidade se comoveu por causa delas, e as mulheres diziam: Não é esta Noemi? ²⁰Porém ela lhes dizia: Não me chameis Noemi; chamai-me Mara, porque grande amargura me tem dado o Todo-Poderoso. ²¹Ditosa eu parti, porém o Senhor me fez voltar pobre; por que, pois, me chamareis Noemi, visto que o Senhor se manifestou contra mim e o Todo-Poderoso me tem afligido?

As pessoas de Belém estavam surpresas com as diferenças em Noemi, em seu retorno. Imagine como deve ter sido difícil para Rute escutar todas as coisas que falavam sobre sua sogra. Novamente Noemi demonstrou sua sabedoria. Ela admitiu ser uma mulher diferente. Ela não tentou esconder nada. Não lemos palavras de criticismo, somente o reconhecimento da mudança que ocorrera em sua vida.

A vida em Belém

Noemi e Rute estabeleceram-se em Belém. Elas eram muito pobres. Rute, mais jovem, foi trabalhar nos campos. Noemi deu sábios conselhos à sua nora.

Estudaremos mais sobre Rute no próximo capítulo. Graças ao bom relacionamento que existia entre Noemi e Rute, como sogra e nora, Noemi pôde guiar Rute a dar os passos apropriados para obter um marido conforme a lei dos judeus. Este marido, de nome Boaz, era da família do esposo de Noemi, assim, ele poderia cumprir a obrigação familiar com Rute.

Imagine a felicidade de Noemi quando se tornou avó! Ela pensava que havia perdido toda sua família, mas, através de Rute e Boaz, sua vida estava novamente plena.

Rute e Boaz deram o nome ao seu filho de Obede. Obede teve um filho chamado Jessé, que foi pai do rei Davi. Assim, vemos a genealogia no primeiro capítulo de Mateus. Encontramos Rute, uma mulher moabita, não somente na linhagem de Davi, mas também na linhagem da qual Jesus, o Messias, vem.

Noemi é um belo exemplo para as mulheres de hoje. Ela foi uma sogra amorosa e sábia que cuidou de suas noras. Tenho certeza que Noemi também cuidou de seu neto, e lhe ensinou muitas verdades sobre Deus — que sempre havia sido tão bom para ela.

Pensamentos finais

Que tipo de relacionamento você tem com sua sogra ou nora? Se não é casada, como é seu relacionamento com sua mãe? É um relacionamento de comunicação amorosa, aberta? Você mostra um testemunho vivo de sua fé pessoal em Jesus Cristo como seu Salvador? Como cristãos, devemos amar o nosso próximo e demonstrar-lhes amor. Se o amor não está presente, peça a Deus por cura e restauração em seus relacionamentos familiares. Este amor está descrito em 1 João 4:7-8:

> [7]Amados, amemo-nos uns aos outros, porque o amor procede de Deus; e todo aquele que ama é nascido de Deus e conhece a Deus. [8]Aquele que não ama não conhece a Deus, pois Deus é amor.

Tópicos para discussão

1. Descreva dois problemas difíceis que Noemi enfrentou.
2. Por que Noemi disse para suas noras retornarem a Moabe?
3. Por que o relacionamento de Rute e Noemi foi tão intenso?
4. Qual a qualidade de Noemi que você mais admira?
5. Que alegrias vieram fazer parte da vida de Noemi?

Capítulo 17

Rute
A mulher que fez escolhas sábias
Parte 1

No capítulo anterior estudamos a vida de Noemi, uma sogra muito sábia. Neste estudo e no próximo, veremos a vida de Rute, a nora de Noemi, e as escolhas que ela fez em sua vida.

O casamento de Rute

No Antigo Testamento, um livro completo está dedicado à vida de Rute. Mais importante ainda, no Novo Testamento, Mateus incluiu Rute na genealogia de Jesus Cristo. Vamos pedir a Deus que nos ajude a aprender com Rute a fazer escolhas certas. As más escolhas parece que as fazemos sem muito esforço!

Não nos consta que Elimeleque escolhesse as noivas para seus filhos antes de sua morte. A Bíblia simplesmente relata que seus filhos escolheram esposas moabitas. Fazendo isso, eles desobedeceram diretamente à lei de Deus contra casar-se com pessoas dos povos pagãos. Deuteronômio 7:3 diz:

> ³...nem contrairás matrimônio com os filhos dessas nações; não darás tuas filhas a seus filhos, nem tomarás suas filhas para teus filhos;

A Bíblia revela que Rute tornou-se esposa de Malom, que era o filho mais velho de Noemi e Elimeleque. Não sabemos quanta influência esta família de judeus teve na vida de Rute. Em Rute 1:4, lemos que a família de Noemi viveu em Moabe por quase dez anos. Tempo mais do que suficiente para que Rute escutasse e aceitasse o que seu esposo e sua família lhe haviam contado sobre o Deus vivo e verdadeiro que adoravam.

A viuvez de Rute

Em Rute 1:3-5, lemos que Elimeleque, o marido de Noemi morreu. Depois, Malom, o marido de Rute morreu também. Rute tornou-se uma jovem viúva. Essa situação deixou-a sem condições econômicas para sustentar-se. Ela tornou-se pobre — situação comum para uma viúva daqueles dias. Ninguém jamais a teria acusado se ela tivesse se tornado insatisfeita ou decidido ficar em Moabe, com sua própria família.

Rute, porém, não fez isso. Ela decidiu acompanhar sua sogra Noemi. Conforme estudamos anteriormente, sabemos que Noemi também era viúva. Noemi, porém, estava muito amargurada. Apesar de sua amargura, existia um laço de amor entre as duas mulheres. Esse amor aproximou Rute de Noemi quando elas regressavam à cidade de Belém. Lemos as palavras de Rute para Noemi, em Rute 1:16-17:

> ¹⁶Disse, porém, Rute: Não me instes para que te deixe e me obrigue a não seguir-te; porque, aonde quer que fores, irei eu e, onde quer que pousares, ali pousarei eu; o teu povo é o meu povo, o teu Deus é o meu Deus. ¹⁷Onde quer que morreres, morrerei eu e aí serei sepultada; faça-me o SENHOR o que bem lhe aprouver, se outra coisa que não seja a morte me separar de ti.

Noemi havia perdido seu marido e seus dois filhos, porém, ainda tinha duas noras: Orfa e Rute. As três viúvas se preparavam para deixar Moabe e ir para a terra natal de Noemi. Quando chegou o tempo de partirem, Orfa voltou a viver com sua família e seus amigos pagãos. O raciocínio humano indica que ficar em Moabe parecia ser a decisão mais prática e lógica. Isto torna ainda mais surpreendente a decisão de Rute em ficar com Noemi.

Rute nos dá um bonito exemplo de devoção pura e sem egoísmo. Hoje vemos relações familiares tensas, lares destruídos e vidas sem amor. É muito reconfortante encontrar esta pequena e maravilhosa história de amor, de relacionamento saudável, e, decisões certas baseadas na Palavra de Deus.

Rute escolhe o Deus verdadeiro

Outra escolha certa que Rute fez, foi servir ao Deus vivo e verdadeiro. Apesar de seu passado pagão, ela tornou-se uma adoradora dedicada do Deus verdadeiro. Não nos é relatado quando, onde ou sob que circunstâncias isso aconteceu. Entretanto, sabemos que durante o caminho a Belém, Rute deixou evidente sua fé em Deus. Ela decidiu firmemente seguir ao Senhor, e identificar-se completamente com Seu povo, quando disse a Noemi: ...*o teu povo é o meu povo, o teu Deus é o meu Deus...* (Rute 1:16). Aqui podemos perguntar-nos: "É correta a minha decisão de servir ao Deus vivo e verdadeiro? Os outros percebem que eu o sirvo?

Decisões importantes

Rute tomou decisões importantes para o direcionamento de sua vida e tornou-se uma serva do Deus verdadeiro. Ela também fez outras boas decisões, conforme estudaremos no próximo capítulo. Porém, vamos ver primeiro o que Deus disse sobre decidir corretamente.

Confiando em Deus

Às vezes, é difícil ter a autoconfiança para reconhecer que fizemos a escolha correta. Primeiro, *devemos* saber que existe um Deus vivo e verdadeiro e que podemos conhecê-lo pessoalmente.

Quem é o Deus verdadeiro? Moisés teve a tarefa de convencer os israelitas que tinha sido Deus que o havia enviado para libertá-los da escravidão no Egito. Moisés perguntou a Deus o que ele deveria dizer para convencê-los. Deus disse a Moisés exatamente o que ele precisava dizer. Lemos a resposta de Deus no livro de Êxodo 3:14: *Disse Deus a Moisés: 'Eu Sou O Que Sou. Disse mais: Assim dirás aos filhos de Israel: Eu Sou me enviou a vós outros.* Este versículo nos ensina que Deus existe por si mesmo e em si mesmo, sem precisar qualquer outro ser para sustê-lo.

Minha fé é fortalecida ao saber que Deus não tem que provar Seu poder ou Sua capacidade. Ele simplesmente diz: Eu Sou. Ele é Deus porque é Deus, e não precisa de nenhuma outra razão, dando-nos a confiança em Sua presença, a qual nunca nos pode ser retirada ou questionada.

Pensamentos finais

Quando escolhemos ter um relacionamento pessoal com o Deus verdadeiro, todas as outras decisões podem ser respondidas através da oração, buscando Seu conselho por meio de Sua Palavra, e também, através das circunstâncias e pessoas em nossas vidas. Se quisermos conhecer o Senhor e Sua vontade para nossas vidas plenamente, devemos investir tempo com Deus e Sua Palavra. Dessa maneira, poderemos confiar nele e em nossas decisões.

Salmo 1:1-4 apresenta a pessoa que, diligentemente, busca a Deus:

> ¹Bem-aventurado o homem que não anda no conselho dos ímpios, não se detém no caminho dos pecadores, nem se assenta na roda dos escarnecedores. ²Antes, o seu prazer está na lei do Senhor, e na sua lei medita de dia e de noite. ³Ele é como árvore plantada junto a corrente de águas, que, no devido tempo, dá o seu fruto, e cuja folhagem não murcha; e tudo quanto ele faz será bem sucedido. ⁴Os ímpios não são assim; são, porém, como a palha que o vento dispersa.

Perceba a diferença. Uma pessoa é próspera; a outra é como palha que o vento leva. A diferença está no tempo dedicado a

Deus em oração e na tomada de decisões baseadas na obediência à Santa Palavra.

Rute foi um exemplo de pessoa abençoada por Deus. Ela escolheu investir seu tempo com as pessoas certas ao unir-se à sua sogra e à nação escolhida por Deus. Sem dúvida, sua decisão mais importante foi a de servir ao Deus verdadeiro, de acordo com os mandamentos escritos em Sua Palavra. No próximo capítulo, veremos mais sobre a sua obediência à Palavra de Deus quando ela chegou a Judá.

Pense por um momento em si mesma. Você está diante de decisões grandes ou pequenas? Aceite-as como uma oportunidade de fazer escolhas certas. A mais importante decisão a ser feita é servir ao Deus vivo e verdadeiro. Peça a Deus que se revele a você e disponha-se a aceitar o que Ele revela sobre Si mesmo através de Sua Palavra. Jesus pagou por nossos pecados ao morrer na cruz; aceite esse pagamento você também. Em seguida, dependa dele para que Ele possa ajudá-la a tomar outras decisões que precisa fazer.

No livro de Salmos encontramos versículos que falam da prontidão de Deus em nos ensinar e nos guiar quando olhamos para Ele.

- *Instruir-te-ei e te ensinarei o caminho que deve seguir; e, sob as minhas vistas, te darei conselho* (Salmo 32:8).
- *O SENHOR firma os passos do homem bom e no seu caminho se compraz; se cair, não ficará prostrado, porque o SENHOR o segura pela mão* (Salmo 37:23-24).
- *Lâmpada para os meus pés é a tua palavra, e luz, para os meus caminhos* (Salmo 119:105).

Tópicos para discussão

1. Por que foi incomum a decisão de Rute permanecer ao lado de sua sogra?
2. Mencione três dificuldades que Rute teve de enfrentar.
3. Que decisões ou escolhas você está enfrentando em sua vida?
4. Qual é a mais importante decisão que você fará?
5. Enumere três métodos que a ajudem a tomar decisões sábias.

Capítulo 18

Rute
A mulher que fez escolhas sábias
Parte 2

Ao estudarmos a primeira parte da vida de Rute, vimos que ela escolheu acertadamente sua família, o Deus vivo e verdadeiro e as pessoas certas. Ao continuar nosso estudo, veremos mais três decisões que ela fez: o campo, o conselho, e o momento certo.

As instruções de Deus

Quando Rute e Noemi retornaram a Belém, estavam viúvas e sem meios próprios de sustento. De qualquer modo, na lei do Antigo Testamento, Deus proveu meios para que ambas obtivessem alimentos. Deus deu instruções aos proprietários de terras em Deuteronômio 24:19: *Quando, no teu campo, segares a messe e, nele, esqueceres um feixe de espigas, não voltarás a tomá-lo; para o estrangeiro, para o órfão e para a viúva será; para que o* SENHOR, *teu Deus, te abençoe em toda obra das tuas mãos.*

Noemi conhecia as leis de Deus e por isso as ensinou à sua nora. Rute pediu a Noemi que a deixasse ir juntar as espigas que caiam atrás dos ceifeiros. Noemi deu-lhe permissão, e então, Rute foi trabalhar. Ela foi a um campo de propriedade de um homem chamado Boaz, membro da família de seu sogro. Lemos em Rute 2:5-6,8,10-12:

> ⁵Depois, perguntou Boaz ao servo encarregado dos segadores: De quem é esta moça? ⁶Respondeu-lhe o servo: Esta é a moça moabita que veio com Noemi da terra de Moabe. [...] ⁸Então, disse Boaz a Rute: Ouve, filha minha, não vás colher em outro campo, nem tampouco passes daqui; porém aqui ficarás com as minhas servas. [...] ¹⁰Então, ela, inclinando-se, rosto em terra, lhe disse: Como é que me favoreces e fazes caso de mim, sendo eu estrangeira? ¹¹Respondeu Boaz e lhe disse: Bem me contaram tudo quanto fizeste a tua sogra, depois da morte de teu marido, e como deixaste a teu pai, e a tua mãe, e a terra onde nasceste e vieste para um povo que dantes não conhecias. ¹²O SENHOR retribua o teu feito, e seja cumprida a tua recompensa do SENHOR, Deus de Israel, sob cujas asas vieste buscar refúgio.

A provisão de Deus

Esta é uma maravilhosa história sobre a provisão de Deus para Rute e Noemi, guiando Rute ao campo de um parente de seu marido. Rute foi exemplo de humildade ao se prostrar diante

Boaz. Ele a reconheceu e a elogiou por sua lealdade a Noemi. A maneira como tratamos as pessoas e as escolhas que fazemos são um testemunho aos outros — positivo ou negativo.

A história não termina aqui. Boaz disse a Rute para colher somente em sua lavoura, e também, para ela comer e beber com suas servas. Ele deixou-lhe comida suficiente e também para que pudesse levar para Noemi. Ele disse também às suas servas para que deixassem cair grãos para que Rute pudesse colhê-los.

Rute deve ter ficado muito emocionada naquela primeira noite quando, ao chegar a sua casa, contou a Noemi tudo que havia acontecido. Sem dúvidas, Noemi estava maravilhada, e perguntou-lhe o nome do homem que fora tão generoso. Rute informou sua sogra que o nome dele era Boaz. A história continua em Rute 2:20-23:

> [20]Então, Noemi disse a sua nora: Bendito seja ele do SENHOR, que ainda não tem deixado a sua benevolência nem para com os vivos nem para com os mortos. Disse-lhe mais Noemi: Esse homem é nosso parente chegado e um dentre os nossos resgatadores. [21]Continuou Rute, a moabita: Também ainda me disse: Com os meus servos ficarás, até que acabem toda a sega que tenho. [22]Disse Noemi a sua nora, Rute: Bom será, filha minha, que saias com as servas dele, para que, noutro campo, não te molestem. [23]Assim, passou ela à companhia das servas de Boaz, para colher, até que a sega da cevada e do trigo se acabou; e ficou com a sua sogra.

Como Rute informou sua sogra sobre o que havia acontecido, Noemi sentiu-se animada ao ver a mão de Deus abençoando outra vez a sua vida. Ela começou a louvar a Deus imediatamente. Cada uma de nós deve estar atenta para dar graças a Deus por Sua bondade em nossas vidas.

O futuro de Rute

Noemi explicou a Rute, com cuidado e sabedoria, os passos que ela deveria dar para ter um esposo que a sustentaria pelo resto de sua vida. O esposo que deveria buscar era Boaz.

Na continuidade desta história, vemos como Rute seguiu passo a passo, os conselhos de sua sogra. Porém, ela não tinha qualquer obrigação de segui-lo; além de tudo, era uma mulher adulta. Ela fora casada, e vivera sua própria vida. O amor, a devoção, o respeito entre essas duas mulheres virtuosas, permitiu que Rute tomasse a decisão correta, ou seja, a de seguir o conselho de Noemi.

Esta história de amor na Palavra de Deus é para todas as pessoas, em todos os lugares. A história demonstra a consequência de seguir um bom conselho, e esperar pelo momento certo. Ela traz Rute ao tempo e local em que Boaz pudesse resgatá-la. O resgate é o processo de "readquirir", era um procedimento do Antigo Testamento para continuar a linhagem familiar.

Neste ponto, o conflito entra em cena. Boaz não era o primeiro na linhagem para resgatar Rute. As Escrituras afirmam que Boaz procurou seu parente mais próximo e explicou-lhe a situação. De acordo com o costume, os dois se encontraram com os líderes da cidade. O primeiro parente mais próximo era incapaz de resgatar as propriedades de Elimeleque e seus filhos.

Desse modo, ele cedeu seu direito a Boaz, que possuía condições de resgatá-los, e Rute poderia se tornar sua esposa.

    Rute seguiu os conselhos que lhe foram dados, apesar do costume entre seu povo ser diferente. Somente por seu conhecimento da Palavra de Deus, Noemi pôde dar tantos conselhos sábios a Rute. Quando damos ou recebemos conselhos, devemos ter cuidado que este coincida com a Palavra de Deus. Para podermos fazer isso, devemos conhecer bem a Bíblia. Depois, seguindo-a, tomaremos as decisões corretas para nós e seremos capazes de ajudar outras pessoas também.

    Rute deve ter imaginado o que iria acontecer quando se aproximou de Boaz. Certamente, ela apreciou a gentileza dele, e por ser um homem mais velho do que ela, sem dúvidas o respeitava. Ao mesmo tempo, ela deve ter sentindo medo de como tudo iria terminar. Talvez, pensasse não estar fazendo a coisa certa. Apesar de seus sentimentos, ela seguiu os conselhos de Noemi.

    Deus abençoou o casamento de Rute e Boaz, dando-lhes um filho chamado Obede. Em Mateus, quando lemos a genealogia do Messias, encontramos Boaz, Rute e Obede. Que honra fora concedida a Rute, a moabita. De fato, ela foi uma mulher que soube fazer escolhas certas.

Pensamentos finais

O princípio da redenção instituído por Deus, ainda hoje segue vigente de modo pessoal. Jesus Cristo nos redimiu pagando o preço de nosso pecado. Romanos 6:23 diz: ...*porque o salário do pecado é a morte, mas o dom gratuito de Deus é a vida eterna em Cristo Jesus, nosso Senhor.*

Rute teve que aceitar o resgate oferecido por Boaz, assim como cada uma de nós deve aceitar a redenção oferecida por Deus, para que isto nos beneficie. Você já fez isto? Se ainda não o fez, admita ser pecadora, e não poder pagar seu pecado por si mesma. Creia que Jesus sacrificou-se por seu pecado, e aceite-o como Salvador.

Tópicos para discussão

1. Como Rute sabia que tinha que ir atrás dos ceifeiros para colher espigas?
2. Mencione duas características que Rute demonstrou no seu relacionamento com Noemi e Boaz.
3. Enumere três características de Boaz.
4. Como a vida de Noemi mudou depois que saiu de Moabe?
5. Com suas palavras descreva o relacionamento entre Rute e Noemi.